# PROTECCIÓN
## contra el
# ENGAÑO

# DEREK PRINCE

**WHITAKER
HOUSE**

*Nota de la casa publicadora:*
Este libro ha sido compilado de un extenso archivo de materiales de Derek Prince, lo cuales no fueron publicados. El uso de estos materiales fue aprobado por el equipo editorial de *Derek Prince Ministries*.

Traducción al español por: Sara Raquel Ramos

---

## Protección contra el Engaño

Publicado originalmente en inglés bajo el título: *Protection from Deception*

---

Derek Prince Ministries
P.O. Box 19501
Charlotte, North Carolina 28219-9501
www.derekprince.org

ISBN: 978-1-60374-065-4
Impreso en los Estados Unidos de América
© 2008 por Derek Prince Ministries, International

Whitaker House
1030 Hunt Valley Circle
New Kensington, PA 15068
www.whitakerhouse.com

1 2 3 4 5 6 7 8 9 10 11 12  **ᴜɪ**  16 15 14 13 12 11 10 09 08

# CONTENIDO

Introducción .................................................................. 5

1. Señales, prodigios y manifestaciones inusuales ..................... 11

2. Probando los movimientos dentro de la Iglesia ..................... 21

3. La identidad del Espíritu Santo .................................... 29

4. El Espíritu Santo en la Iglesia .................................... 35

5. La personalidad humana y el Espíritu Santo ......................... 45

6. La agenda maligna de Satanás ....................................... 59

7. Las mezclas crean confusión y división ............................. 77

8. La Iglesia verdadera es la Novia de Cristo ......................... 89

9. La iglesia falsa es la novia del Anticristo ........................ 99

10. Reconozca y resista al Anticristo ................................ 111

11. La ceguera espiritual genera engaño .............................. 121

12. Venza las engañosas artimañas de Satanás ......................... 145

13. Cultive una vida en Cristo ....................................... 157

14. La vida cristiana en la presente era perversa .................... 167

15. Los cristianos están en desacuerdo con el mundo .................. 183

16. Los cristianos son la luz del mundo .............................. 199

17. Libertados de esta presente era perversa ......................... 213

18. Las implicaciones de la Venida de Jesús .......................... 219

Conclusión ............................................................ 235

Acerca del autor ...................................................... 239

# INTRODUCCIÓN

En años recientes, la iglesia ha sido testigo de una creciente ola de señales y prodigios mundiales–algunos de estos han sido bíblicos y de mucha ayuda, otros han sido anti-bíblicos e insólitos. Las señales y los prodigios no son un nuevo fenómeno; éstos son registrados en varios pasajes bíblicos y han sido reportados en diferentes períodos de la historia de la iglesia. Van más allá de una iglesia o denominación específica, y han recibido la atención tanto de los medios de comunicación religiosos como seculares.

Yo no albergo prejuicios personales o escepticismos acerca de las manifestaciones inusuales, primeramente porque he experimentado muchos fenómenos en mi vida, comenzando con la experiencia de mi propia conversión, mientras estaba en el ejército británico durante la Segunda Guerra Mundial. Expondré esto en el primer capítulo.

Sin embargo, no se debe aceptar indiscriminadamente toda manifestación inusual. Dos preguntas siempre deben calificar a cada manifestación. Primera, ¿es una manifestación del Espíritu Santo de Dios o de alguna otra fuente? Segunda, ¿la manifestación está en armonía con las Escrituras, o contradice la Palabra de Dios? Como lo afirma Pablo en 2 Timoteo 3:16: *"Toda la Escritura es inspirada por Dios".* El Espíritu Santo es el autor de todas las Escrituras, y Él jamás se contradice. Por tanto, toda manifestación genuina del Espíritu Santo debe coincidir con las Escrituras.

Una vez tuve un estrecho acercamiento con un grupo que aseguraban tener experiencia de manifestaciones sobrenaturales. Los líderes del grupo estaban entusiasmados por las cosas maravillosas que experimentaban en sus reuniones, pero cuando nos invitaron a que nos uniéramos a ellos, nos instruyeron que nos los probáramos o examináramos, sino que simplemente estuviéramos dispuestos a recibirlos. Esta postura poco sabia me hizo ser cauteloso con la experiencia de este grupo, porque su método de aceptación sin evaluación contradice directamente la instrucción bíblica. En 1 Tesalonicenses 5:21, Pablo le dijo a los creyentes: *"Examinadlo todo; retened lo bueno".* El fallar en examinar las experiencias sobrenaturales, es fallar en seguir los mandatos de las Escrituras.

Jesús proporcionó distintas advertencias contra el engaño de las falsas manifestaciones que serán impulsadas al final del siglo. Cuatro de estas advertencias están registradas dentro de veintiún versículos en el libro de Mateo. Primero, en Mateo 24:4, Jesús advirtió: *"Mirad que nadie os engañe".* En el versículo 5, Él predijo: *"Porque vendrán muchos en mi nombre, diciendo: Yo soy el Cristo* [Mesías], *y a muchos engañarán".* En el versículo 11, advirtió: *"Y muchos falsos profetas se levantarán, y engañarán a muchos".* Finalmente, en el versículo 24 concluyó: *"Porque se levantarán falsos cristos* [mesías], *y falsos profetas, y harán grandes señales y prodigios, de tal manera que engañarán, si fuere posible, aun a los escogidos".* Estas advertencias no son para tomarse a la ligera. Cualquiera que pase por alto estas advertencias, pone en peligro su alma.

El engaño—no la enfermedad, no la pobreza ni la persecución—es el peligro más grande y sencillo del final del siglo. Cualquiera que niegue su vulnerabilidad al engaño, ya está engañado, pues Jesús lo predijo y Él no se equivoca. Nuestros corazones son incapaces de discernir la verdad por su propia cuenta. Proverbios 28:26 enseña que, *"El que confía en su propio corazón es necio".* No debemos ser insensatos confiando en nuestros propios corazones. Todo lo que nuestros corazones nos digan no es confiable, así como Jeremías 17:9 confirma: *"Engañoso es el corazón más que todas las cosas, y perverso; ¿quién lo conocerá?"* La palabra engaño, en hebreo, es activa en vez de pasiva. El corazón no está engañado, sino que, el corazón es un engañador que lo lleva a usted por el camino equivocado.

También es importante reconocer que las señales y prodigios no garantizan ni determinan la verdad. La verdad está establecida y es inalterable; esa es la Palabra de Dios. En Juan 17:17 Jesús oró al Padre, *"Tu palabra es verdad".* El salmista declaró: *"Para siempre, oh Jehová, permanece tu palabra en los cielos"* (Salmos 119:89). Ningún evento en la tierra, ya sea natural o sobrenatural, puede cambiar el más pequeño signo o escrito en la Palabra de Dios.

Las verdaderas señales declaran la verdad; las señales mentirosas declaran mentiras. Muchos cristianos asumen que toda señal sobrenatural debe ser de Dios, olvidando que Satanás, o el diablo, es totalmente capaz de realizar señales y prodigios sobrenaturales. Como Pablo escribió en su segunda epístola a los Tesalonicenses:

> *Inicuo* [el Anticristo] *cuyo advenimiento es por obra de Satanás, con gran poder y señales y prodigios mentirosos, y con todo engaño de iniquidad para los que se pierden, por cuanto no recibieron el amor de la verdad para ser salvos. Por esto Dios les envía un poder engañoso, para que crean la mentira, a fin de que sean condenados todos los que no creyeron a la verdad, sino que se complacieron en la injusticia.*
>
> (2 Tesalonicenses 2:9–12)

Este pasaje comprueba que existen las falsas señales y prodigios; un fenómeno no es real basado solamente en su clasificación como una manifestación sobrenatural. Recuerde que en el Éxodo muchos de los milagros de Moisés ante el Faraón, fueron realizados por los magos y hechiceros del Faraón (Veáse Éxodo 7:11–23). La vara de Moisés se convirtió en serpiente la cual se comió a las serpientes formadas de los bastones de los hechiceros del Faraón, pero permanece el hecho de que Satanás puede darle a la gente, el poder para realizar ciertos milagros.

Aquellos que aceptan las mentiras de Satanás lo hacen porque *"no recibieron el amor de la verdad...Por esto Dios les envía un poder engañoso"* (2 Tesalonicenses 2:10–11). Esto está entre las declaraciones más terribles de la Biblia. Si Dios envía una fuerte aparición, estamos seguros de ser engañados. La condenación viene a aquellos que *"no creyeron a la verdad, sino que se complacieron en la injusticia"* (Versículo 12).

La única manera de saber si una señal o prodigio es verdadero es midiéndola con la verdad—la Palabra de Dios. En Juan 8:32, Jesús dijo: *"Y conoceréis la verdad, y la verdad os hará libres".* Las Escrituras son la única determinante de la verdad o de la falsedad. Se nos ha instruido a *"examinarlo todo y a retener lo bueno"* (1 Tesalonicenses 5:21).

El libro de Apocalipsis promete una serie específica de señales y prodigios sobrenaturales que indicarán el fin del siglo, pero debemos practicar el discernimiento a medida que anticipamos el día del juicio, guardándonos contra las tácticas del diablo y manteniéndonos firmes en la verdadera iglesia, la novia de Cristo.

Mientras esperamos el día cuando nuestro Novio celestial, Jesucristo, regresará para libertarnos totalmente de este presente siglo malo, debemos separarnos del mundo. Cuando las Escrituras dicen mundo, generalmente se refieren al sistema mundial—al orden político y social que rechaza a Dios, que está gobernado por Satanás, y controla la mente y conducta de la gente que no ha sido salva. Por medio de la muerte y resurrección de Jesús, Dios aseguró la máxima victoria sobre el diablo. Satanás puede gobernar este mundo, pero su reino rápidamente esta llegando a su fin. Nuestra liberación—y la gloria de Dios—durará por todos los siglos. Con esto en mente, vamos a compartir la luz y el amor de Dios con todo el mundo—no para ser confundidos en enamorarnos del mundo o buscando recibir su amor. Sino que enfocándonos en nuestro hogar celestial, debemos vestirnos con humildad. Debemos quitarnos todo esfuerzo e impulsos egoístas. Estos sólo estimulan nuestro orgullo, una actitud peligrosa que nos ciega y nos hace vulnerables al engaño de Satanás. Y debemos asirnos de la cruz, el mismo instrumento que dictó la sentencia de muerte de Satanás y aseguró nuestra salvación por medio de la victoria de Cristo.

# Señales,

## Prodigios y

## Manifestaciones Inusuales

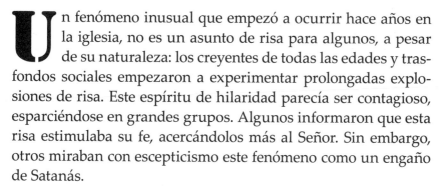

U n fenómeno inusual que empezó a ocurrir hace años en la iglesia, no es un asunto de risa para algunos, a pesar de su naturaleza: los creyentes de todas las edades y trasfondos sociales empezaron a experimentar prolongadas explosiones de risa. Este espíritu de hilaridad parecía ser contagioso, esparciéndose en grandes grupos. Algunos informaron que esta risa estimulaba su fe, acercándolos más al Señor. Sin embargo, otros miraban con escepticismo este fenómeno como un engaño de Satanás.

Con frecuencia las personas me preguntan acerca del origen de esta risa—¿cómo es que puede provenir del Espíritu Santo? Yo les digo que efectivamente esto es posible. (Yo tuve que creerlo así, pues por causa de la risa es que vine a Cristo. O debería decir que por medio de la risa es como Cristo vino a mí).

## Una conversión de gozo sobrenatural

En el verano de 1941, yo estaba estacionado con una unidad médica del ejército Británico en un hotel en la Bahía Norte de Scarborough, en Yorkshire, Inglaterra. El hotel había estado escaso de mobiliario, por lo que dormimos en el piso sobre colchones de paja. Como anglicano nominal en ese tiempo, yo estaba leyendo mi Biblia de principio a fin, pero no con propósito devocional. Sino que yo miraba la Biblia como una obra de filosofía. Como filósofo profesional, yo consideraba ésta una obra importante de leer como parte de mi deber académico. Para entonces ya había llegado al libro de Job.

En Scarborough interactué en varias ocasiones con cristianos pentecostales, que fueron las primeras personas en confrontarme con la necesidad de recibir a Cristo como mi Señor y Salvador personal. Actualizado por medio de los pentecostales con las afirmaciones de Cristo, una noche decidí orar hasta que algo sucediera. Yo no sabía que esperar, comencé a las once de la noche. Luché durante una hora para formar una oración coherente. Cerca de la media noche, inequívocamente yo estaba consciente de una presencia divina conmigo y me encontré repitiendo las palabras de Jacob dichas al Hombre con quien él había luchado en Peniel: *"No te dejaré, si no me bendices"* (Génesis 32:26).

Con énfasis cada más mayor, repetí: "No te dejaré ir, no te dejaré ir", y, agregué: "Haz que te ame más y más…más y más y más…"

Un poder invisible vino sobre mí y me encontré tendido con el rostro sobre el piso y mis brazos en el aire, repitiendo: "Más y más y más…" Momentos más tarde mis palabras se volvieron sollozos que salían de mi estómago y luego me sacudieron el cuerpo antes de escapar por mis labios. Una hora y media más tarde, un indescriptible e involuntario cambio ocurrió: mi sollozo se volvió en risa. Al igual que el sollozo, la risa procedía de mi estómago. Suavemente al principio, pero gradualmente se hizo más fuerte, retumbando en las paredes del cuarto.

El soldado que compartía el cuarto conmigo se levantó y me encontró acostado sobre mis espaldas, riendo ruidosamente con los brazos al aire. Me echó varias miradas inútiles y dijo: "No sé que hacer contigo. Supongo que no es bueno echarte agua encima". Dentro de mí, una respuesta inaudible se oyó: "¡Aun el agua no podría terminar con esto!" No queriendo importunar a mi compañero, me arrastré hasta mi colchón y me tiré una sábana sobre la cabeza, y reí hasta quedar dormido. Me di cuenta que el Espíritu Santo estaba dentro de mí.

Cuando desperté por la mañana, yo era una persona totalmente diferente. No más palabras impropias fluirían de mi boca. La oración era sin esfuerzo; venía naturalmente a mí como la respiración. No podía hacer nada—ni siquiera tomar un vaso de agua—sin pensar en Dios. A las seis de esa tarde, me dirigí a la cantina para mi bebida de costumbre; no obstante, sentí como si las piernas se trabaron en la puerta, y no pude entrar. Paré de tratar de mover mis piernas cuando entendí que la cantina ya no sería más una tentación para mí.

Regresé al cuartel y abrí mi Biblia, la cual de la noche a la mañana se había convertido en un nuevo libro. Parecía como si Dios y yo éramos las únicas dos personas en el universo. Dios me habló directamente por medio del texto de la Biblia. Abrí Salmos 126:1–2, el cual lee: *"Cuando Jehová hiciere volver la cautividad de Sión, seremos como los que sueñan. Entonces nuestra boca se llenará de risa".* Eso exactamente fue lo que me sucedió, pensé. *¡No era yo el que estaba riendo. Mi boca estaba siendo llenada con la risa de alguna otra fuente!"* Después de mucha reflexión, yo entendí que esta extraña risa sobrenatural expresaba el mismo gozo y emoción del pueblo de Dios cuando los liberó de la cautividad.

*La risa sobrenatural expresó el gozo del pueblo de Dios cuando los libertó de la cautividad.*

En Job, vine a encontrar otro pasaje relevante: *"He aquí, Dios no aborrece al perfecto…Aun llenará tu boca de risa, y tus labios de júbilo"* (Job 8:20–21). Esta risa no es el resultado de la propia voluntad de una persona. Viene del mismo Dios como respuesta a la seguridad de Su aceptación.

## La risa de Dios

En el libro de Salmos hice otro descubrimiento: Dios mismo se ríe. Sin embargo, Su risa no es una reacción a algo cómico, sino más bien una expresión de triunfo sobre Sus enemigos. Cuando un hombre perverso hace complot contra un hombre justo, *"el Señor se reirá de él; porque ve que viene su día"* (Salmos 37:13).

Cuando los gobiernos terrenales desprecian el gobierno de Dios, *"El que mora en los cielos se reirá; el Señor se burlará de ellos"* (Salmos 2:4). En relación con la maldad de los hombres no regenerados, el salmista escribe: *"Mas tú, Jehová, te reirás de ellos; te burlarás de todas las naciones"* (Salmos 59:8). Los justos pueden unirse en júbilo con Dios: *"Verán los justos, y temerán; se reirán de él* [del perverso, del hombre malo]*"* (Salmos 52:6).

*Dios se ríe como una expresión de triunfo sobre Sus enemigos.*

Además de explicar la fuente de mi risa, la Biblia vertió luz sobre la identidad de la Persona a quien yo estaba pidiendo bendición: Jesús de Nazaret, el mismo Hombre que Jacob encontró en Peniel. Jacob lo encontró antes de Su encarnación; yo lo encontré después de Su resurrección. Siendo hombre y Dios, esta Persona no pudo haber sido otra más que Jesús de Nazaret.

Alrededor de diez días después de mi primer encuentro con el Señor, yo estaba acostado en mi cama en la barraca cuando comencé a hablar en una lengua no conocida parecida al chino. Recordé que había oído en la iglesia acerca de hablar en otras lenguas. Al principio, hablé con timidez. Mientras me relajaba, las palabras fluían libremente, sin forzarlas. Ellas no se originaban en mi mente o la boca, sino en mi estómago, al igual que los sollozos y la risa.

La siguiente tarde, de nuevo hablé en un idioma desconocido—esta vez, fue diferente a la ocasión anterior. Las palabras poseían un marcado ritmo poético. Después de un breve silencio, hablé de nuevo—esta vez en mi idioma. No obstante, las palabras no se originaron en mi mente y su ritmo parecía un reflejo cabal de mi hablar anterior. Concluí que lo que yo estaba hablando en mi idioma era una interpretación de lo que había hablado en una lengua desconocida.

## No convencional, mas no anti-bíblico

Aunque mi risa fue una experiencia espiritual no convencional, no fue menos auténtica. En Mateo 12:33, Jesús explicó la prueba para la experiencia espiritual: *"Porque por el fruto se conoce el árbol"*. ¿Cuál era el fruto de mi extraña experiencia? Una vida convertida de pecado a justicia, de un gnóstico en lo secreto a una firme fe en Jesucristo como se reveló en las Escrituras; una vida que trajo fruto al reino de Dios. A partir de esta experiencia, he tenido varias ocasiones adicionales de risa sobrenatural. También he visto a Dios tocar a otros creyentes de manera similar. La risa sobrenatural limpia y regocija, y aún impulsa milagros de sanidad física y liberación de cargas emocionales tales como la depresión.

Un segundo ejemplo de mi experiencia con las manifestaciones inusuales ocurrió mientras pastoreaba en Londres. Una noche estaba orando con algunas personas de nuestra iglesia en el último piso del edificio de cuatro pisos cuando de repente el edificio se estremeció y sacudió durante treinta minutos—fue sacudido con el poder de Dios. En esta ocasión, un hombre cojo fue sanado milagrosamente y tiró sus muletas. Fue en este preciso momento que ellos empezaron a alabar a Dios y el edificio comenzó a sacudirse.

En la Iglesia Primitiva ocurrió una señal similar, la cual fue registrada por Lucas en Hechos 4:31:

*Y cuando hubieron orado, el lugar en que estaban congregados tembló; y todos fueron llenos del Espíritu Santo, y hablaban con denuedo la palabra de Dios.*

## El registro bíblico

El simple hecho de que algo no es convencional o es inusual no debería provocar preocupación, pues pudiera venir de Dios. En el Antiguo Testamento, los profetas de Dios hicieron cosas inusuales. Isaías tuvo que andar descalzo y desnudo por tres años (Véase Isaías 20:1–4). A Ezequiel se le requirió acostarse sobre su costado izquierdo durante trescientos noventa días y sobre su costado derecho durante cuarenta días. Él tenía que preparar su alimento sobre un fuego de estiércol de vaca (Véase Ezequiel 4:4–15).

En los evangelios, el mismo Jesús sanó de manera no convencional. Sanó a un sordomudo escupiendo y tocando la lengua del hombre (Véase Marcos 7:32–33). Sanó a un hombre ciego haciendo lodo con Su propia saliva y untándosela en los ojos (Véase Juan 9:6–7). En el libro de Hechos, muchas características y eventos de la Iglesia Primitiva no son convencionales comparados con la iglesia actual.

## Eventos de la historia

Las manifestaciones inusuales por largo tiempo han caracterizado los ministerios de líderes espirituales reconocidos, incluyendo a Juan Wesley, George Whitefield, Jonathan Edwards y Carlos Finney. No obstante, sus ministerios difieren de la tendencia actual de las manifestaciones inusuales.

Primero, la actividad principal de estos hombres era la predicación de la Palabra de Dios. No era inusual para Finney predicar un mensaje de dos horas; hoy en día la mayoría de los sermones son condensados para satisfacer la breve atención de los oyentes.

Segundo, estos hombres hacían un ferviente llamado al arrepentimiento. Un espíritu arrepentido precedía el cambio; lo mismo debería ocurrir hoy; sin embargo, la gente clama por "una renovación" sin entender el prerrequisito del arrepentimiento, el cual Pedro enuncia en Hechos 3:19: *"Así que, arrepentíos y convertíos, para que sean borrados vuestros pecados; para que vengan de la presencia del Señor tiempos de refrigerio".*

En la iglesia cristiana, la actividad sobrenatural no debería estar relacionada ni con la fe ciega ni con el escepticismo cínico. Hemos sido instruidos para *"examinarlo todo; retener lo bueno"* (1 Tesalonicenses 5:21). Debemos aplicar las Escrituras para probar cualquier señal, como lo indica Hebreos 5:14: *"Pero el alimento sólido es para los que han alcanzado la madurez, para los que por el uso tienen los sentidos ejercitados en el discernimiento del bien y del mal".* El discernimiento y una dieta de alimento sólido espiritual nos capacitará para evaluar la autenticidad de las señales que encontramos.

## Cinco movimientos que se extraviaron

Algunos movimientos comienzan con un impulso genuino del Espíritu Santo, pero se salen de la vía, desviándose de las verdades de las Escrituras e ignorando la guía de Dios. Me gustaría revisar cinco ejemplos. Dentro del movimiento súper carismático existen cinco movimientos específicos con los cuales yo he tenido una asociación personal que suscita preguntas acerca de su legitimidad y autenticidad.

### La lluvia tardía

En la provincia canadiense de Saskatchewan, poco después de la Segunda Guerra Mundial vino un derramamiento del Espíritu Santo llamado la "Lluvia Tardía". Muchas personas emigraron de los Estados Unidos a Saskatchewan, y el efecto duradero de este movimiento fue la restauración de los dones del Espíritu Santo. Alrededor de una década más tarde, desde 1957 a 1962, yo era misionero con las Asambleas Pentecostales de Canadá, y a veces indagaba por qué los miembros de las Asambleas Pentecostales poco ejercían sus dones espirituales—si es que los ejercían. Ellos me contaron que esa "lluvia tardía" tenía los dones espirituales; en otras palabras, debido a que la lluvia tardía poseía los dones espirituales y estos fueron desviados, ellos no querían los dones pues temían que podía pasar lo mismo con ellos. Esta noción es infundada y la gente mostraba señales de haber sido engañadas. Además, los líderes llegaron a ser orgullosos y presumidos, cayendo en la inmoralidad.

## El manifiesto de los hijos de Dios

Otro ejemplo es el Manifiesto de los Hijos de Dios, un grupo persuasivo de varones que creían firmemente en las Escrituras y que toda la creación está esperando por la manifestación de los hijos de Dios (Véase Romanos 8:19). Su ministerio era poderoso, particularmente echando fuera demonios. No obstante, ellos entablaban prolongadas conversaciones con esos demonios, buscando recibir revelación de ellos. El buscar revelación de los demonios no es bíblico, como tampoco era su convicción teológica de que algunos miembros de su grupo ya habían recibido sus cuerpos resucitados (Véase 2 Timoteo 2:18).

## Los hijos de Dios

Seguidamente estaban "Los Hijos de Dios", quienes cambiaron su nombre a "La Familia". Su líder femenil era poderosa y cautivadora, pero manipulaba las mentes de los jóvenes, minando las relaciones con sus padres y familiares.

## William Branham

William Branham tuvo un notable ministerio con un increíble alcance. Él era un hombre gentil y humilde, con un legendario ministerio de palabra de ciencia. En cierta ocasión, en una reunión en Phoenix, Arizona, él eligió a una mujer de entre la audiencia y desde su plataforma le dijo: "Ahora, usted no está aquí por usted misma. Usted está aquí por su nieto". Acto seguido, le dio el nombre y dirección de la calle en la ciudad de Nueva York—todo era correcto.

En varias ocasiones, después de ejercer su don, Branham colapsaba y era sacado de la plataforma. Ern Baxter, el maestro de Biblia en las reuniones evangelísticas de Branham y colega mío, una vez me contó en privado que "Branham tenía dos espíritus; uno que era el Espíritu de Dios, y uno que no lo era". Después que murió Branham en un accidente automovilístico, sus seguidores embalsamaron su cuerpo y lo mantuvieron sin sepultar hasta un Domingo de Pascua, muchos meses más tarde, cuando pensaron que él iba a resucitar. Pero él no resucitó.

## Movimiento Pastoral o de Discipulado

Por ultimo, el "Discipulado" o "Movimiento Pastoral" empezó con la intervención genuina y sobrenatural de Dios. Durante una convención, tres compañeros predicadores—Bob Mumford, Charles Simpson, Don Basham—y yo descubrimos que el hombre que estaba dirigiendo la convención era un homosexual practicante. Nos reunimos para orar acerca de cómo manejar la situación, y para el tiempo que nuestra oración había terminado, supimos que Dios se había unido a los cuatro nosotros. Subsecuentemente, nosotros hicimos un compromiso de cubrirnos unos a otros en oración, someter nuestras vidas personales al escrutinio mutuo, y consultarnos antes de tomar cualquier decisión personal mayor.

No obstante, más tarde, la ambición egoísta tomó control y hombres sin experiencia fueron puestos en posiciones de autoridad. Además, nuestras mentes no estaban renovadas, ni estaban unificadas en propósito o alineadas con el propósito de Dios.

Hay algunos hilos comunes que atraviesan por estos cinco movimientos. Uno es el orgullo, que yo considero el pecado más peligroso. Proverbios 16:18 sabiamente advierte, *"Antes del quebrantamiento es la soberbia, y antes de la caída la altivez de espíritu"*. El segundo hilo en común es una mezcla de espíritus—verdad y error, el Espíritu Santo y otros espíritus. Estos otros espíritus entran cuando una persona va de lo terrenal a lo espiritual, y, de lo espiritual a lo demoníaco (Véase Santiago 3:15), conceptos que discutiremos a lo largo de los capítulos posteriores.

# PROBANDO LOS MOVIMIENTOS DENTRO DE LA IGLESIA

**T**oda tendencia o movimiento dentro de la iglesia debe ser probado para determinar si es de Dios. He hecho énfasis acerca del principio bíblico de que *"por el fruto se conoce el árbol"* (Mateo 12:33). He sido testigo de personas que estaban "ebrias" o "intoxicadas" en el Espíritu, pero siempre busqué hallar sus frutos. ¿Qué viene después de estas experiencias de intoxicación y otros estados inusuales?

En la iglesia del Nuevo Testamento, las señales sobrenaturales siempre fueron diseñadas para seguir y afirmar la predicación de la Palabra de Dios. En Marcos 16:17–18, Jesús le dijo a los discípulos:

> *Y estas señales seguirán a los que creen: En mi nombre echarán fuera demonios; hablarán nuevas lenguas; tomarán en las manos serpientes, y si bebieren cosa mortífera, no les hará daño; sobre los enfermos pondrán sus manos, y sanarán.*

Los movimientos de Dios darán frutos que los identifiquen como tal. A continuación, cinco frutos principales por medio de los cuales podemos autenticar cambios actuales en la iglesia.

## El fruto del arrepentimiento

En el Nuevo Testamento, Dios exige arrepentimiento más de lo que exige fe. Juan el Bautista preparó el camino para Jesús haciendo un llamado de arrepentimiento al pueblo (Veáse Mateo 3:2). A cualquiera que él bautizó se le requería que primero produjera el fruto del arrepentimiento (Véase los versículos 7–8). Cuando Jesús llegó, la primera palabra registrada que Él predicó fue *"Arrepentirse"* (Veáse, por ejemplo, Marcos 1:15). Él instruyó a la multitud: *"Si no os arrepentís, todos pereceréis igualmente"* (Lucas 13:3).

*El arrepentirse es una decisión voluntaria.*

Después de Su resurrección, Jesús le dijo a los discípulos que cuando predicaran a las naciones, deberían enseñar que el arrepentimiento precede al perdón de los pecados (Veáse Lucas 24:47). El ministerio de Pablo reflejó la misma prioridad: hablando en Atenas, dijo: *"Dios…ahora manda a todos los hombres en todo lugar, que se arrepientan"* (Hechos 17:30).

¿Qué constituye el verdadero arrepentimiento? No es una emoción sino, una decisión voluntaria—una decisión de alejarse del pecado y de la corrupción, y, de someterse sin reservas al señorío de Jesucristo. El arrepentimiento es el primero de entre las seis doctrinas funcionales enumeradas en Hebreo 6:1–2.

Sin el verdadero arrepentimiento, nadie puede construir su vida como cristiano sobre una base sólida. He aconsejado a miles de cristianos que han pasado por varios problemas, y, he llegado a la conclusión de que por lo menos la mitad de los problemas vienen por la falta de un verdadero arrepentimiento.

La iglesia tiene una necesidad urgente de colocar el énfasis renovado en el arrepentimiento y en la confesión de los pecados. Hace años, fui invitado a hablar en Hull, una ciudad pequeña en Inglaterra. Un grupo de líderes representando a casi quince iglesias, se habían reunidos por años para esperar a Dios. Ellos me invitaron a darles una charla. Estas reuniones se diferenciaban de la mayoría de otras a las que he asistido por su atmósfera excepcional. Prediqué un mensaje directo, la esencia del cual fue: *"Si necesita confesar los pecados, puede confesarlos a Dios, pero la Biblia también dice, confesar sus pecados unos a otros, para que puedan ser sanados"* (Veáse Santiago 5:16). Una vez que invité a los presentes para que vinieran a la plataforma para confesar sus pecados, se acercaron en masa, uno a uno por alrededor de dos horas. Para mí, esto fue significativo. Lo ví como el fruto que viene cuando estamos esperando por Dios.

El pecado que no confesamos se convierte en la barrera para un formidable avivamiento. Todas las predicas y oraciones de alabanzas en el mundo no producirán ningún efecto hasta que confesamos nuestros pecados. Con frecuencia pensamos "Que yo sepa, no tengo ningún pecado". Pero si esperamos un poquito en el Señor, con frecuencia Él nos los revelará.

En una ocasión leí en los diarios de John Wesley acerca de una fuerte sociedad metodista en Yorkshire comprendida por personas que se reunían semanalmente para confesar sus pecados entre sí. Este es difícilmente el plan moderno para empezar una iglesia. Pero Santiago 5:16 nos instruyó: *"Confesaos vuestras ofensas unos a otros, y orad unos por otros, para que seáis sanados. La oración eficaz del justo puede mucho"*.

*Debemos caminar unidos en compañerismo, confesando nuestros pecados.*

Tenemos acceso a Dios por medio de la sangres limpiadora de Jesús, pero, primero tenemos que andar en la luz—debemos caminar unidos en compañerismo, confesando nuestros pecados. Si estamos fuera del compañerismo, estamos fuera de la luz, porque andar en la luz implica tener compañerismo. La sangre de Jesús no limpia en la oscuridad, sino en la luz; por consiguiente, el compañerismo (o comunión) y la confesión de pecados son cruciales para ser limpiados por la sangre de Jesús (Veáse 1 Juan 1:9)

## El fruto del respeto por las Escrituras

Jesús llamó a las Escrituras *"la palabra de Dios"* (Veáse, por ejemplo, Marcos 7:13; Lucas 8:11), y Él fija Su sello sobre esto con cinco palabras simples: *"la Escritura no puede ser quebrantada"* (Juan 10:35). Si creemos en Jesús, creemos en la Biblia. Por la misma señal, si no creemos en la Biblia, no creemos en Jesús tampoco. En Isaías 66:2, el Señor dice: *"Pero miraré a aquel que es pobre y humilde de espíritu, y que tiembla a mi palabra"*. Aquí Dios combina el arrepentimiento —un espíritu humilde y arrepentido—con un temeroso respeto por Su Palabra.

¿Por qué deberíamos temblar ante la Palabra de Dios? Existen muchas razones, pero aquí—brevemente—hay dos importantes. Primero, la Palabra de Dios es la vía por la cual Dios el Padre y Dios el Hijo vienen y hacen nuestra casa con nosotros (Veáse Juan 14:23). Segundo, al final seremos juzgados por la Palabra de Dios (Veáse Juan 12:48).

Desde el inicio de la creación, Dios ha obrado por medio de dos agentes: Su Palabra y Su Espíritu. El Espíritu de Dios se movió primero. Seguidamente fue la Palabra de Dios la que continuó (Veáse Génesis 1:2–3). El resultado fue la Creación. El Espíritu de Dios y la Palabra de Dios obran en armonía. El Espíritu de Dios obra de acuerdo con la Palabra de Dios, y, las Escrituras—la Palabra de Dios—son inspiradas por el Espíritu Santo.

Dios no se contradice a Sí mismo. Por ende, toda manifestación espiritual debe ser probada de acuerdo con las Escrituras (Veáse 2 Timoteo 3:16). Cualquier cosa que no corresponda a las Escrituras debe ser rechazada.

## El fruto de exaltar a Jesús

En Juan 16:13–14, Jesús prometió a Sus discípulos, *"Pero cuando venga el Espíritu de verdad, é los guiará a toda la verdad...Él me glorificará"*. Este pasaje revela dos hechos importantes del ministerio del Espíritu Santo. Primero, Su función suprema es glorificar a Jesús. Cualquier manifestación espiritual auténtica también glorifica a Jesús, enfocando nuestra atención solamente en Él.

Cuando la personalidad humana toma el estrado y asume la supremacía, el Espíritu Santo comienza a retirarse. El exaltar la personalidad humana en vez de al Espíritu Santo a menudo ha logrado inhibir el genuino mover del Espíritu Santo. Algunas veces las iglesias erran al reemplazar a Cristo, la verdadera Cabeza de la iglesia, con un pastor o líder parroquial.

*El Espíritu Santo es una persona que lleva y une a los creyentes en la persona de Jesús.*

Los pastores son personas maravillosas, pero no pueden ni deben tomar el lugar de Jesús. La principal función de los pastores no es resolver sus problemas, sino ayudarle a usted a cultivar o entablar una relación personal con Jesús, la Cabeza. Algunas personas equivocadamente hacen de los pastores sus resuelve todo, asumiendo que ellos tienen todas las respuestas. Algunos pastores se pasan de la raya y erróneamente controlan sus congregaciones. Quizás hasta digan ser los canales necesarios para la comunicación con Cristo.

Hace algunos años, conocí a un exitoso pastor en Suecia; éste había construido una gran iglesia pentecostal en Europa. De vez en cuando, él decía a su congregación, "Por favor no me coloquen en un pedestal. Si lo hacen, Dios va ha permitir que yo caiga". Las personalidades carismáticas que ocupan un pedestal incurren en el celo de Dios, quien dice en Isaías 48:11, *"Mi honra no la daré a otro"*.

Es cierto que debemos tener mentores espirituales. Pero también y muy importante es que debemos entablar una relación con Cristo—una relación que nos permita escuchar Su voz, discernir Su guía, y, conocer lo que le agrada o le enoja a Él. Nosotros debemos ser sensibles a nuestra Cabeza.

Segundo, Juan 16:13–14 resalta la identidad del Espíritu Santo usando el pronombre "Él" y no "ello". Al igual que Jesús es una persona, también el Espíritu Santo es una persona que lleva y une a los creyentes en la persona de Jesús. Cuando las personas describen su vida espiritual como una experiencia "neutral", en vez de usar un pronombre personal para Jesús o el Espíritu Santo, ellos describen el uso equivocado.

## El fruto del amor por los hermanos cristianos

En Juan 13:35, Jesús le dijo a Sus seguidores, *"En esto conocerán todos que sois mis discípulos, si tuviereis amor los unos con los otros"*. El apóstol Pablo hizo eco de esta verdad en 1 Timoteo 1:5: *"Pero el propósito de nuestra instrucción es el amor nacido de un corazón puro, de una buena conciencia y de una fe sincera"* (LBLA).

Cualquier actividad "religiosa" no caracterizada por el amor y la comunión es definida por Pablo como *"vana palabrería"* (Versículo 6, LBLA). En 1 Corintios 13:2, Pablo también señaló la importancia del amor: *"Si tengo el don de profecía y entiendo todos los misterios y poseo todo conocimiento, y si tengo una fe que logra trasladar montañas, pero me falta el amor, no soy nada"* (NVI). Cada uno de nosotros debe preguntarse: ¿Me ha convertido mi fe en una persona amorosa?

La iglesia debe someterse a una interrogación similar. Cuando ocurre el mover del Espíritu Santo, nosotros debemos preguntarnos: ¿Este mover produce cristianos que sinceramente se amen los unos a los otros, sin importar las etiquetas denominacionales? ¿Este mover provoca tanto amor que los incrédulos se maravillan de la comunión y compasión de los cristianos?

## El fruto de la preocupación amorosa por los no alcanzados

Jesús dijo a Sus discípulos en Juan 4:35: *"¡Alzad vuestros ojos y mirad los campos, porque ya están blancos para la siega!"*. Si estas palabras fueron ciertas en los días de Jesús, esa verdad es todavía más urgente hoy en día. Basado en mi extenso viajar y en el ministerio mundial, he llegado a la conclusión de que estamos viviendo en la hora de la cosecha. Muchos cristianos que podrían estar trabajando en los campos de la cosecha del mundo, más bien están enredados en la trampa del egocentrismo materialista. Un genuino mover del Espíritu Santo debe lanzar una multitud de nuevos obreros hacia los campos de la cosecha.

## ¿Pasará la prueba la iglesia?

Si un número significativo de cristianos en un determinado movimiento pasa la mayoría de las cinco pruebas que he descrito, con seguridad podemos concluir que eso es realmente un genuino mover de Dios. No obstante, esto no significa que todo o todos dentro del movimiento están sin mancha o falta. Nadie en el pueblo de Dios es sin falta, mas Dios es maravilloso en lo que Él logra con las personas débiles y falibles cuando éstas se entregan a Él.

# LA IDENTIDAD

# DEL ESPÍRITU SANTO

N ecesitamos tener la capacidad de reconocer al Espíritu Santo. Es hasta entonces que sabremos cuando Él se está moviendo en la iglesia—cuando Él está ausente. La Biblia presenta a la Deidad trina en Génesis 1:1–2: *"En el principio creó Dios los cielos y la tierra. Y la tierra estaba desornada y vacía, y las tinieblas estaban sobre la faz del abismo, y el Espíritu de Dios se movía sobre la faz de las aguas"*. No se nos presenta primero al Padre o al Hijo, sino al Espíritu Santo, quien estaba *"moviéndose sobre la faz de las aguas"*. El Espíritu Santo se movía con poder creativo a favor de la Deidad, y este papel creativo lo llevó a la formación de la tierra y todo lo que en ella hay.

Génesis 1:3, dice, *"Y dijo Dios: Sea la luz; y fue la luz"*. Salmos 33:6 nos dice, *"Por la palabra de Jehová fueron hechos los cielos, y todo el ejército de ellos por el respiro* [Espíritu] *de Su boca"*. El poder creativo de Dios fue dirigido por medio de Su Espíritu, quien ejecutó Su pronunciamiento.

## El inigualable motivo de Dios

En Génesis 1, el nombre hebreo para Dios, *Elohim*, es plural. La partícula *im* en hebreo sirve la misma función como agregando *s* o *es* al final de las palabras para formar el plural. El verbo para *"creado"*, *bara*, es singular, presentando una paradoja significativa entre un sujeto plural y un verbo singular.

Dios es uno, y sin embargo, Él es más que uno; Él es simultáneamente plural y singular. Esta verdad es introducida inmediatamente a nosotros por medio de las primeras tres palabras de la Biblia (en el texto hebreo) y sigue por todas las Escrituras, arrojando luz a la identidad del trino Dios.

Es significativo que el Espíritu Santo de Dios es la primera persona de la Deidad que encontramos en la Biblia. Yo creo que cuando nosotros desarrollamos una relación personal con Dios, el contacto inicial es hecho no por medio del Padre o del Hijo, sino por medio del Espíritu Santo quien nos presenta al Hijo.

Reflexionando sobre nuestras experiencias como cristianos, muchos de nosotros reconoceremos que antes de que llegáramos a conocer a Jesús, otra influencia estaba obrando en nuestras vidas. Nuestra manera de pensar y nuestros deseos empezaron a cambiar. Podemos haber crecido desencantados con la manera en que sucedieron las cosas. Esto no fue sino el Espíritu de Dios avivando nuestros corazones y preparándonos para la Palabra de Dios, la cual nos trae luz.

## Cooperación con el Padre y el Hijo

El Espíritu Santo de Dios tiene un papel especial en el proceso de redención. En cada etapa, el Padre, el Hijo y el Espíritu Santo realizan acciones decisivas.

El proceso de redención comenzó con la encarnación de Jesús, explicado en Mateo 1:18: *"El nacimiento de Jesucristo fue así: Estando desposada María su madre con José, antes que se juntasen, se halló que había concebido del Espíritu Santo"*. Lucas 1:34–35 describe la incredulidad de María y la respuesta del ángel Gabriel:

*Entonces María dijo al ángel: ¿Cómo será esto? Pues no conozco varón. Respondiendo el ángel, le dijo: El Espíritu Santo vendrá sobre ti, y el poder del Altísimo te cubrirá con su sombra; por lo cual también el Santo Ser que nacerá, será llamado Hijo de Dios.* (Lucas 1:34–35)

El Espíritu Santo realmente formó al infante Jesús en el vientre de María.

También el Espíritu Santo jugó un papel clave en los milagros y ministerio de Jesús en la tierra. Después de la muerte de Jesús, en la casa de Cornelio, Pedro resumió Su ministerio en un versículo: *"Cómo Dios ungió con el Espíritu Santo y con poder a Jesús de Nazaret, y cómo éste anduvo haciendo bienes y sanando a todos los oprimidos por el diablo, porque Dios estaba con él"* (Hechos 10:38). El Padre, el Hijo y el Espíritu Santo trabajan juntos para ayudar a la humanidad, sanar a los enfermos y derrotar al diablo.

> *El Padre, el Hijo y el Espíritu Santo trabajan juntos para derrotar al diablo.*

En relación con la muerte de Jesús en la cruz, Hebreos 9:14, dice: *"Cristo…, el cual mediante el Espíritu eterno* [el Espíritu Santo] *se ofreció a sí mismo sin mancha a Dios"*. De nuevo vemos tres personas trabajando juntas: Cristo el Hijo se ofreció a Sí mismo por medio del Espíritu Santo al Padre.

Lo mismo es cierto con respecto a la resurrección: En Romanos 1:3–4, Pablo registró que Jesús *"era del linaje de David según la carne, que fue declarado Hijo de Dios con poder, según el Espíritu de Santidad, por la resurrección de entre los muertos"*. Así que, el poder que levantó a Jesús de la muerte fue el Espíritu Santo.

Hechos 2 describe el Pentecostés, cuando el Espíritu Santo descendió sobre los discípulos y motivó que hablaran en otras lenguas. Pedro, dirigiéndose a la multitud les predicó un sermón centrado en la vida, ministerio, muerte y resurrección de Jesús. Hechos 2:32–33 dice:

*A este Jesús resucitó Dios, de lo cual todos nosotros somos testigos. Así que, exaltado por la diestra de Dios, y habiendo recibido del Padre la promesa del Espíritu Santo, ha derramado esto que vosotros veis y oís.*

En el Pentecostés, el Hijo recibió el Espíritu del Padre y vertió el Espíritu sobre los discípulos que lo esperaban. Así que, el Padre, el Hijo y el Espíritu Santo trabajan juntos para bien de la humanidad, efectuando nuestra redención y salvación.

## El impacto del Espíritu

Salmos 14:1–3 describe a un hombre cuyo corazón está vacío del Espíritu Santo:

*Dice el necio en su corazón: No hay Dios. Se han corrompido, hacen obras abominables; no hay quien haga el bien. Jehová miró desde los cielos sobre los hijos de los hombres, para ver si había algún entendido, que buscara a Dios. Todos se desviaron, a una se han corrompido; no hay quien haga lo bueno, no hay ni siquiera uno.*

Cuando el Espíritu de Dios está ausente, el corazón del hombre ni busca de Dios ni sabe como hacerlo. Solamente el Espíritu Santo llena a la gente con un deseo de buscar la verdad. Es por medio de Su gracia que la gente se vuelve del pecado, se humillan, buscan a Dios y ponen su fe en Él.

Sólo el Espíritu Santo puede impartir la santidad, la cual es necesaria para la salvación. No obstante, la obra del Espíritu Santo no se detiene allí. En Efesios 2:18, Pablo explicó que Dios habita en la iglesia de Jesucristo, Su pueblo que ha sido redimido:

*"Porque por medio de él* [Jesús]*...tenemos entrada por un mismo Espíritu al Padre".*

Tenemos entrada al Padre a través de Jesús el Hijo por medio del Espíritu—no es por doctrinas ni por palabras elocuentes. Estas no subirán más allá del techo de la iglesia sin ayuda del Espíritu Santo. Nadie se acerca a Dios, excepto por medio del Espíritu Santo. Todos los cristianos necesitamos entablar una relación con Él, algo que parece le hace falta a muchos.

## El Espíritu Santo es una persona

Debemos entender que el Espíritu Santo es una persona tanto como Dios el Padre y Dios el Hijo. Él no es una abstracción teológica o una frase para concluir el Credo de los Apóstoles. Él es una persona real, y en el curso de nuestro caminar cristiano será visto muy diferente cuando nos refiramos a Él como tal.

Cuando Jesús se dispuso salir de entre Sus discípulos, les aseguró: *"Pero cuando venga el Espíritu de verdad, él os guiará a toda la verdad"* (Juan 16:13). El texto original está en griego. El griego es un idioma en el cual las palabras se dividen en tres géneros—masculino, femenino y neutro—cuyo

*Nadie se acerca a Dios, excepto por medio del Espíritu Santo.*

pronombre correspondiente es *él, ella* y *ello*. La palabra griega para *"Espíritu", pneuma,* es neutro, por lo que normalmente asumiría el pronombre de género neutro impersonal, él. Sin embargo, este versículo prevalece sobre la conveniencia gramatical y usos de un pronombre personal masculino: *"Él"* ¿Por qué? Para enfatizar que el Espíritu Santo es una persona con quien usted debe relacionarse como tal. No debemos relacionarlo a Él como un conjunto de normas o simplemente un concepto doctrinal.

La identidad del Espíritu Santo como persona recibió refuerzo por Jesús cuando después de Su resurrección le dijo a Sus discípulos: *"Pero yo os digo la verdad: Os conviene que yo me vaya; porque si no me voy, el Consolador [Defensor] no vendrá a vosotros; mas si me fuere, os lo enviaré"* (Juan 16:7).

Este pasaje describe un intercambio de personas. Jesús dijo que Él regresaría al Padre en el cielo; una vez allá, Él les enviaría al Espíritu Santo, o Consolador. Así como Jesús es una persona, también el Espíritu Santo, quien vino a tomar el lugar de Jesús en la tierra, es una persona.

Este intercambio es una ventaja para nosotros, pues Jesús dijo que para nosotros era mejor tenerlo a Él en el cielo y al Espíritu Santo en la tierra. A muchas personas les gusta imaginarse estar en la tierra con Jesús, mirándolo enseñar y realizar milagros. Tan maravilloso como puede ser esto, la Biblia revela que nosotros podemos conocer más íntimamente a Dios y acercarnos más a Jesús por medio del Espíritu Santo que por medio de la presencia física de Jesús en la tierra.

Necesitamos un abogado–alguien que alegue nuestro caso ante Dios. El Espíritu Santo es el mejor abogado, y Dios lo envió para alegar nuestro caso y protegernos contra las asechanzas del diablo (Véase Romanos 8:26–27). El Espíritu Santo tiene un papel exclusivo como representante personal de Dios en la tierra.

# EL

# ESPÍRITU SANTO

# EN LA IGLESIA

**E**n 2 Corintios 3:17, Pablo dijo, *"Porque el Señor es el Espíritu; y donde está el Espíritu del Señor, allí hay libertad"*. En el Nuevo Testamento, *"señor"* representa el sagrado nombre de Dios, el cual es *"Jehová"* o *"Yahvé"*; esto da indicación de una persona divina.

Pablo dijo, *"el Señor es el Espíritu"*. Dios el Padre es Señor, y Dios el Espíritu es también Señor. Jesús es Señor *sobre* la iglesia, pero el Espíritu Santo es Señor *en* la iglesia; el señorío de Jesús sobre la iglesia es efectivo siempre y cuando el Espíritu Santo sea Señor en la iglesia. Si una iglesia realmente desea que Jesús sea su Señor, entonces el Espíritu Santo debe primero ser Señor en esa iglesia.

Este requisito presenta un problema para muchas iglesias cristianas contemporáneas cuyos miembros confiesan a Jesucristo como Señor, pero fallan en hacer del Espíritu Santo Señor en sus vidas y en sus reuniones. Ellos imponen etiquetas y usan términos que no autentican el verdadero Espíritu Santo.

¿Cómo habita el Espíritu Santo en la iglesia, el cuerpo de Cristo? Pablo identificó dos formas en su primera epístola a la iglesia en Corinto. En 1 Corintios 3:16, él escribió, *"¿No sabéis que sois templo de Dios, y que el Espíritu de Dios mora en vosotros?"*. El *"sabéis"* en este pasaje es plural, en el original griego Pablo hablaba a los cristianos colectivamente como a un templo del Espíritu Santo.

Él continuó con esta idea en 1 Corintios 6:19: *"¿O ignoráis que vuestro cuerpo es templo del Espíritu Santo?"*. Aquí Pablo se dirige a creyentes individualmente. El Espíritu Santo no solamente habita en la iglesia—un grupo colectivo de creyentes—sino que Él habita en cada creyente individualmente. Dios quiere tomar residencia en cada uno de nosotros, habitando en nuestros cuerpos físicos. ¡Qué humildad de parte de nuestro Dios todopoderoso, creador del universo!

## Por qué necesitamos al Espíritu

¿Qué logra el Espíritu Santo al habitar en nosotros? Primero, Él está aquí para completar el ministerio de Jesús. Aunque Jesús haya completado el sacrificio perfecto en la cruz, cuando Él dejó la tierra, Su tarea de adiestras a Sus discípulos estaba lejos de ser completada.

Jesús tuvo que dejarlos después de tres años y medio de compañerismo e instrucción, mas Él no los abandonó. Al contrario, Él envió al Espíritu Santo para estar con ellos para siempre: *"Y yo rogaré al Padre, y os dará otro Consolador, para que esté con vosotros para siempre"* (Juan 14:16). Jesús prometió enviar al *"Espíritu de verdad, al cual el mundo no puede recibir, porque no le ve, ni le conoce; pero vosotros le conocéis, porque mora con vosotros, y estará en vosotros. No os dejaré huérfanos vendré a vosotros"* (Versículos 17–18).

*El Espíritu Santo nos guía, dirige y advierte de lo porvenir.*

Si tratamos de vivir una vida Cristiana sin el Espíritu Santo, lo hacemos como huérfanos. Jesús nos proveyó del Espíritu Santo para suplir nuestras necesidades, pero nosotros debemos recibirlo y reconocer nuestra dependencia en Él.

Una vez más Jesús llamó al Espíritu Santo *"Consolador"* en Juan 14:25–26:

> *Os he dicho estas cosas estando con vosotros. Mas el Consolador, el Espíritu Santo, a quien el Padre enviará en mi nombre, él os enseñará todas las cosas, y os recordará todo lo que yo os he dicho.*

Este pasaje es importante, ya que atesta que el Nuevo Testamento dependió no de las memorias o inteligencia de los apóstoles, sino del Espíritu Santo, quien inspiró sus anotaciones.

Jesús nunca escribió una palabra; Él dejó a Sus apóstoles la tarea de registrar Su vida y presentar Sus enseñanzas en las epístolas. Podemos confiar en la exactitud de sus escritos, no porque ellos hayan sido autores infalibles sino porque fueron autores inspirados por el Espíritu Santo quien trajo a sus mentes las enseñanzas de Jesús.

El Espíritu Santo completa nuestra educación como cristianos. Tal como Jesús lo dijo a Sus discípulos,

> *Aún tengo muchas cosas que deciros, pero ahora no las podéis sobrellevar. Pero cuando venga el Espíritu de verdad, é los guiará a toda la verdad; porque no hablará por su propia cuenta, sino que hablará todo lo que oyere, y os hará saber las cosas que habrán de venir.* (Juan 16:12–13)

La angustia de ellos a la hora de Su partida les dejó incapaces de absorber una enseñanza adicional en ese momento; de manera que era necesario que recibieran mayor instrucción por medio del Espíritu Santo.

## Cómo nos ayuda el Espíritu Santo

El Espíritu Santo nos ministra con Su guía, dirigiéndonos diariamente. Él nos provee revelación, compartiendo con nosotros los que ha de venir—las cosas que son enunciadas en el cielo y manifestada en la tierra.

La revelación es particularmente importante durante estos días en que la violencia incrementa. Vivimos en tiempos peligrosos. Todo tipo de fuerzas malignas y actos violentos se están esparciendo y acrecentando. No podemos abrir un periódico sin leer sobre crímenes cometidos y maldades perpetradas. Para ventaja nuestra, sin embargo, tenemos a alguien que nos advierte de las cosas que han de venir.

Dios advirtió a Noé, quien por fe construyó un arca mucho antes de que llegara el diluvio, para así poder salvar a su familia. Jesús dijo que tal como fue en los día de Noé, así será en los días de Su venida (Véase, por ejemplo, Mateo 24:37–51). En los días de Noé, la tierra estaba llena de violencia; los pensamientos del corazón de cada hombre eran perversos. Toda carne era corrupta y perversa, participando en actos inmorales (Véase Génesis 6:5).

Solamente Noé fue hallado justo delante de Dios. Debido a que Dios le mostró lo que iba a ocurrir, Noé supo del diluvio inminente y se preparó de acuerdo a ello. Para poder sobrevivir y cumplir con nuestras tareas como cristianos en el mundo actual, nosotros requerimos de una advertencia sobrenatural, la cual proviene de Dios.

## Distinguiendo entre los espíritus

¿Cómo podemos reconocer y distinguir al Espíritu Santo de otros espíritus? Existe un falso espíritu santo—un ejemplo de esto es el "espíritu santo" que profesan los adeptos al Movimiento de la Nueva Era.

El Espíritu Santo tiene los distintivos atributos de la santidad, tal como lo indica Su nombre. Él es santo. En hebreo, *Espíritu Santo* es traducido como "el Espíritu de Santidad". Sus otros nombres—incluyendo el de Espíritu de Gracia, el Espíritu de Verdad, y, el Espíritu de Poder—son subsidiarios al título de "Espíritu Santo".

Nada impío procede del Espíritu Santo. Las Escrituras hablan de la belleza de la santidad (Véase por ejemplo, Salmos 29:2; 96:9). Cuando procede del Espíritu Santo, la santidad da a una persona una belleza interna que puede o no ser copiada externamente. En 1 Pedro 3:4, Pedro habló del *"interno, el del corazón"* y del *"incorruptible ornato de un espíritu afable y apacible"*, algo que Dios altamente valora.

Todo lo feo—en un sentido espiritual—no procede del Espíritu Santo. Doce palabras claves asociadas con este tipo de fealdad que no procede del Espíritu Santo deben identificar cualquier cosa que ellos describen como impío: degradador, displicente, indecente, insensible, grosero, auto-afirmante, auto-exaltante, farsante, tonto, estúpido, vulgar. Estas palabras nunca se aplican al Espíritu Santo.

Podemos identificar al Espíritu Santo con tres pruebas adicionales.

## El Espíritu Santo no puede ser manipulado

Primero, las personas que usan a un espíritu para manipular o dominar a otros practican la brujería, ya que nadie tiene control sobre el Espíritu Santo de Dios. El Espíritu Santo no es sinónimo de los dones del Espíritu Santo. En Romanos 11:29, Pablo explicó que *"irrevocables son los dones...de Dios"*. Una vez que Dios ha otorgado un don a alguien, Él nunca lo revoca; el receptor puede usar, mal usar o descuidar ese don. Esta libertad confirma que ese don es solamente eso—un don, opuesto a un préstamo condicional.

Por mucho tiempo, las personas han mal usado los dones del Espíritu Santo, tal como lo indica Pablo en 1 Corintios 13:1: *"Si yo hablase lenguas humanas y angélicas, y no tengo amor, vengo a ser como metal que resuena, o címbalo que retiñe".* En este caso, el don de hablar en lenguas—cuando es mal usado—hace un ruido vacío y discordante.

Otros dones espirituales, tales como la palabra de ciencia o el don de sanidad, pueden ser mal usados cuando las personas los usan para cumplir cierto cometido (muy a menudo para ganancia personal) o para promover un movimiento que se opone a la voluntad de Dios. Por consiguiente, el Espíritu Santo y Sus dones son entidades separadas.

Puede que un don del Espíritu Santo sea mal usado, pero el Espíritu Santo no puede ser manipulado. El Espíritu Santo es Dios, y, debemos relacionarnos con Él como tal.

## El Espíritu Santo es un siervo

Un segundo rasgo característico del Espíritu Santo es Su función como siervo de Dios el Padre y Dios el Hijo. Esto refuerza la naturaleza honrosa del servicio, algo que es resentido y rechazado por muchas personas hoy en día, quienes pasan por alto la importancia de servir. La función del Espíritu Santo como siervo es guía de Sus actividades y atributos. En Juan 16:13–14, Jesús describió el ministerio y la actividad del Espíritu Santo:

*Pero cuando venga el Espíritu de verdad, él os guiará a toda verdad; porque no hablará por su propia cuenta, sino que hablará todo lo que oyere, y os hará saber las cosas que habrán de venir. Él me glorificará; porque tomará de lo mío, y os lo hará saber.*

Por consiguiente, el Espíritu Santo no pronuncia Su propio mensaje, más bien dice lo que Él escucha del Padre y del Hijo. Su objetivo es apuntar hacia Jesús glorificarlo a Él. Cualquier espíritu que se enfoca en sí mismo y no en Jesús no es el Espíritu Santo.

En ninguna parte de las Escrituras he encontrado una oración dirigida al Espíritu Santo. Lo que puede verse como una oración instantánea al Espíritu Santo—en la visión de Ezequiel en el valle de los huesos secos—es en realidad una profecía y no una oración:

> Y *me dijo: profetiza al espíritu, profetiza, hijo de hombre, y dí al espíritu: Así ha dicho Jehová el Señor: Espíritu, ven de los cuatro vientos, y sopla sobre estos muertos, y vivirán. Y profeticé como me había mandado, y entró espíritu en ellos, y vivieron, y estuvieron sobre sus pies; un ejército grande en extremo.* (Ezequiel 37:9–10)

El orar a Dios el Padre en vez de al Espíritu Santo estable un protocolo basado en una relación señor-siervo. Cuando tratamos con un señor y su siervo, usted se dirige al señor directamente; su siervo no funge como intermediario, sino que recibe instrucciones del señor. Nosotros nunca le damos órdenes al Espíritu Santo, mas por medio de la oración, nosotros presentamos súplicas a Dios el Padre en nombre de Jesús, y, Dios dirige a Su siervo, el Espíritu Santo.

## El Espíritu Santo glorifica a Jesús

En nuestro punto anterior fue mencionado un tercer atributo del Espíritu Santo, pero es digno de notarlo nuevamente aquí—la declaración de Jesús acerca del Espíritu Santo en Juan 16:14: *"El [el Espíritu santo] me glorificará"*. Todo lo que el Espíritu Santo hace glorifica a Jesús. Esto provee una prueba infalible de que si algo proviene del Espíritu Santo: ¿Glorifica eso a Jesús?

El Espíritu Santo nunca glorificará a una personalidad humana, a una doctrina, a un movimiento o a una denominación...la lista continúa. Nada ni nadie más que Jesús recibe Su Gloria. Si nosotros deseamos sentir el Espíritu Santo en nuestras vidas y en nuestros servicios de adoración, la mejor manera de atraerlo es glorificando a Jesús. Cuando exaltamos a Cristo—alabándole, proclamando Su Victoria, declarando

Su justicia—esto nos alinea con la voluntad de Dios y atrae Su favor y bendiciones.

Me recuerdo de un servicio dominical matutino en particular, el servicio fluyó y se sentía como si estuviéramos en una nube. Le expresé al líder de adoración, "El servicio de esta mañana fue bello. ¿Sabe usted por qué?"

*Toda la obra del Espíritu Santo glorifica a Cristo Jesús.*

Entonces contesté mi propia pregunta: "Porque Jesús fue el tema principal de principio a fin. Eso es lo que le gusta al Espíritu Santo".

Si deseamos la unción del Espíritu Santo en nuestras vidas y en nuestros hogares, debemos glorificar a Jesús—hablando acerca de Él y adorándolo a Él. Cuando lo hacemos, el Espíritu Santo con gozo se unirá a la reunión.

El Espíritu Santo no solamente glorifica a Cristo, sino que Jesús dice que el Espíritu Santo *"tomará de lo mío, y os lo hará saber. Todo lo que tiene el Padre es mío; por eso dije que tomará de lo mío, y os lo hará saber"* (Juan 16:14–15). El Padre ha entregado todo lo que Él tiene al Hijo, y, todo lo que el Padre y el Hijo comparten—la suma de Su riqueza—es controlado por el Espíritu Santo. Él administra la riqueza de la Deidad. Para poder tener parte en esa riqueza, nosotros debemos ser amigos de Él y glorificar a Jesús.

En cierta ocasión mientras estaba en la armada británica, estuve a cargo de distribuir las raciones de un hospital. Yo era popular y tenía muchos amigos ¿Por qué? Porque las personas hallaban que siendo mis amigos, ellos podían obtener un poquito extra de té o azúcar—dos artículos de valor y escasos en aquellos días. Si nosotros deseamos lo mejor de Dios, debemos ser amigos del Espíritu Santo. Él otorgará generosas porciones de bendiciones sobre nosotros.

# Los beneficios de ser amigos del Espíritu Santo

Para resumir, los beneficios de ser amigos del Espíritu Santo surgen de las tareas asignadas a la iglesia. Como ya hemos visto, algunas de estas tareas son el ser maestro, el ser recordador, el guiar, el revelar, y el administrar la riqueza.

Otra tarea asignada es la de facultar el cuerpo de Cristo. En Hechos 1:8, Jesús dijo: *"Pero recibiréis poder, cuando haya venido sobre vosotros el Espíritu Santo, y me seréis testigos en Jerusalén, en toda Judea, en Samaria, y hasta lo último de la tierra".* Aunque los discípulos ya eran salvos y seguían a Jesús, ellos todavía no tenían el poder para cumplir con su comisión por sí solos.

Después de la resurrección de Jesús, los discípulos pasaban sus días adorando a Dios en el templo. Esto era maravilloso, excepto que el resto de Jerusalén no tenía idea de lo que estaba pasando. Sin embargo, cuando el Espíritu Santo vino, tomó solamente unas horas para que todos en Jerusalén supieran que algo había en movimiento. Cuando el Espíritu Santo se mueve, Él influye en las personas y hace impacto. Él mueve a las personas, y la apatía se vuelve algo imposible.

*Solamente por medio del poder sobrenatural del Espíritu Santo podemos vivir la vida que Dios espera que vivamos.*

Dependemos del Espíritu Santo, tal como Jesucristo lo hizo antes que nosotros. En Romanos 6:4, Pablo dijo, *"Porque somos sepultados juntamente con él [Jesús] para muerte por el bautismo, a fin de que como Cristo resucitó de los muertos por la gloria del Padre, así también nosotros andemos en vida nueva".*

La gloria del Padre—el Espíritu de Dios—levantó a Jesucristo de entre los muertos. Jesús no se resucitó a Sí mismo. Más bien, Él confió en que el Padre lo levantaría por medio del Espíritu. Por consiguiente, nosotros debemos andar *"en vida nueva"*, o depender completamente del Espíritu Santo para este nuevo caminar como cristianos, al igual que hizo Jesús al depender completamente del Espíritu Santo para Su resurrección.

Nuestra propia fuerza y sabiduría fallará; ni la educación ni los recursos financieros serán suficientes. Es sólo por medio del poder sobrenatural del Espíritu Santo que podremos vivir el tipo de vida que Dios espera que vivamos. Solamente por medio del poder sobrenatural del Espíritu Santo es que podremos cumplir con el propósito de Dios para nuestras vidas.

La palabra *sobrenatural* hace que algunas personas se sientan incómodas, pero remover todas las referencias a lo sobrenatural en los veintiocho capítulos del libro de los Hechos sería borrar el libro completamente. En otras palabras, lo sobrenatural no es algo estrictamente del Antiguo Testamento. El cristianismo del Nuevo Testamento—en los cuales se incluyen los cristianos de hoy y los del mañana—también se incluye lo sobrenatural. Nosotros no tenemos esperanza de victoria sobre el pecado sin el poder sobrenatural del Espíritu Santo. Nuestra amistad con Él nos ayuda a cultivar un verdadero carácter cristiano. Debemos hablar del Espíritu Santo con respeto y honor, y, cualquier blasfemia—definida como "hablar ligeramente de las cosas sagradas"—requiere de arrepentimiento. Seamos amigos del Espíritu Santo hoy.

# La Personalidad

# Humana y el

# Espíritu Santo

*Y* *el mismo Dios de paz os santifique por completo; y todo vuestro ser, espíritu, alma y cuerpo, sea guardado irreprensible para la venida de nuestro Señor Jesucristo* (1 Tesalonicenses 5:23). Una gran verdad de este versículo es que contiene la fórmula para los componentes de la personalidad humana.

## La personalidad humana: espíritu, alma y cuerpo

La mayoría de nosotros estaríamos de acuerdo con que el espíritu, el alma, y el cuerpo constituyen la completa personalidad humana. El primer capítulo de Génesis dice que Dios escogió crear al hombre a Su propia *"imagen"* y *"semejanza"* (Versículo 26). La imagen se refiere a la apariencia exterior; así, algo en la apariencia exterior del hombre refleja la apariencia exterior de Dios. La semejanza se refiere a la estructura interna de la Deidad Trina: El Padre, el Hijo y el Espíritu Santo. El espíritu del hombre, el alma y el cuerpo corresponden a los tres componentes de la Trinidad.

Esta estructura interna de la personalidad se remonta hasta la creación del hombre por Dios. El espíritu humano procede del soplo de Dios; Él sopló en Adán para producir un espíritu dentro de él (Véase Génesis 1:7). Algo interesante de notar es que tanto en el hebreo como en el griego, las palabras para *espíritu* y *soplo* son iguales. El cuerpo hecho de barro fue infundido con vida divina para convertirse en Adán.

Procedente de la unión del espíritu y el cuerpo, el alma es quizás el componente más difícil de entender. Es el único *yo* de cada individuo, la parte que determina "Lo haré" o "No lo haré".

Comprendiendo la voluntad, las emociones y el intelecto, el alma produce declaraciones de tres tipos correspondientes: "Yo quiero", "Yo pienso" y "Yo siento". Estas declaraciones gobiernan la vida natural y pecadora del hombre. Cuando los individuos se rinden a estas demandas de sus almas en vez de ser guiados por el Espíritu de Dios, entonces ellos mismos se separan de Dios.

## Las implicaciones del pecado

Consideremos lo que le sucedió a Adán y Eva por causa del pecado. Primero, el espíritu murió, pues Dios le había dicho a Adán en Génesis 2:17: *"Más del árbol de la ciencia del bien y del mal no comerás; porque el día que de él comieres, ciertamente morirás"*. Aunque Adán por más de novecientos años no murió físicamente, murió espiritualmente al momento de haber desobedecido a Dios al comer el fruto. Todos los descendientes de Adán y Eva–son por tanto, rebeldes por naturaleza. Cuando nos arrepentimos, Dios perdona nuestros pecados y renueva nuestros espíritus.

En un pasaje en Efesios, Pablo indica estas verdades. En Efesios 2:1–3, Pablo escribió a los creyentes que habían recibido vida en Cristo:

*Y él os dio vida a vosotros, cuando estabais muertos en vuestros delitos y pecados, en los cuales anduvisteis en otro tiempo, siguiendo la corriente de este mundo, conforme al príncipe de la potestad del aire, el espíritu que ahora opera en los hijos de desobediencia, entre los cuales también todos nosotros vivimos en otro tiempo en los deseos de nuestra carne, haciendo la voluntad de la carne y de los pensamientos, y éramos por naturaleza hijos de ira, lo mismo que los demás.*

## De la rebelión a la salvación

La salvación restaura la vida a nuestros espíritus, como leemos en Efesios 2:4–6:

*Pero Dios, que es rico en misericordia, por su gran amor con que nos amó, aun estando nosotros muertos en pecados, nos dio vida juntamente con Cristo (por gracia sois salvos), y juntamente con él nos resucitó, y así mismo nos hizo sentar en los lugares celestiales con Cristo Jesús.*

Dios nos dio vida, nos resucitó y entronizó–todo en tiempo pasado. Estas cosas se han cumplido. Espiritualmente ya estamos sentados en el trono con Cristo. Sin embargo, para reconciliar nuestras almas con Dios somos responsables de volvernos de nuestras rebeliones por medio del arrepentimiento. Muchas personas que reclaman ser salvos nunca han renunciado a sus rebeliones.

> **El rendirse a las demandas del alma nos separa de Dios.**

Romanos 5:1 nos enseña: *"Justificados, pues, por la fe, tenemos paz para con Dios por medio de nuestro Señor Jesucristo"*. Estábamos en guerra contra Dios, pero nuestra fe en Cristo nos justifica ante Él, estableciendo la paz entre nosotros. Tal como leemos en Romanos 5:11: *"Y no solo esto, sino que también nos gloriamos en Dios por el Señor nuestro Jesucristo, por quien hemos recibido ahora la reconciliación"*.

Mientras que la salvación no puede preservar nuestros cuerpos físicos, esta nos hace templos para que el Espíritu Santo habite en ellos. Debemos tratarlos con reverencia, a como Pablo exhortó:

*¿O ignoráis que vuestro cuerpo es templo del Espíritu Santo, el cual está en vosotros, el cual tenéis de Dios, y que no sois vuestros? Porque habéis sido comprados por precio; glorificad, pues, a Dios en vuestro cuerpo".*   (1 Corintios 6:19–20)

Cuando recibimos la salvación, nuestros espíritus vuelven a vivir, nuestras almas se reconcilian con Dios, y, nuestros cuerpos son hechos templos del Espíritu Santo, para que seamos elegibles para la primera resurrección–la resurrección corporal de todos aquellos que le pertenecen a Dios en Cristo.

## Funciones del espíritu, alma y cuerpo

### Espíritu

Nuestro espíritu es capaz de comunicarse directamente con Dios y adorarle, como es declarado en 1 Corintios 6:17: *"Pero el que se une al Señor, un espíritu es con Él".*

Ni el alma ni el cuerpo pueden unirse con Dios; únicamente el espíritu es capaz de unirse con Él. Y solamente el espíritu es capaz de la verdadera adoración. En Juan 4:23–24, Jesús dijo:

*Mas la hora viene, y ahora es, cuando los verdaderos adoradores adorarán al Padre en espíritu y en verdad; porque también el Padre tales adoradores busca que le adoren. Dios es Espíritu, y los que le adoran, en espíritu y en verdad es necesario que adoren.*

### El alma

La función del alma es hacer decisiones, y la regeneración faculta al alma para hacer decisiones correctas. En Salmos 103:1, David escribió: *"Bendice, alma mía, a Jehová".* En este versículo, su espíritu le está diciendo a su alma lo que debe hacer. Su espíritu siente la necesidad de bendecir al Señor, pero requiere activación por medio de su alma para ejecutar esta necesidad.

Una analogía diaria para ilustrar este concepto es la palanca de velocidad del automóvil. Usted puede introducir la llave y echar a andar la máquina, pero para que el carro se mueva, necesita poner el cambio en primera velocidad. Similarmente, el alma pone al espíritu en acción.

Con frecuencia, es difícil distinguir el alma del espíritu. La única herramienta eficaz de separación está descrita en Hebreos:

*Porque la palabra de Dios es viva y eficaz, y más cortante que toda espada de dos filos; y penetra hasta partir el alma y el espíritu, las coyunturas y los tuétanos, y discierne los pensamientos y las intenciones del corazón.* (Hebreos 4:12)

La Palabra de Dios es el único instrumento lo suficiente filoso para separar el alma del espíritu y discernir sus diferencias.

Dos condiciones para emplear la Palabra de Dios en el discernimiento están establecidas en Hebreos 5:13–14, donde el escritor distingue entre los cristianos maduros e inmaduros:

*Y todo aquel que participa de la leche es inexperto en la palabra de justicia, porque es niño; pero el alimento sólido es para los que han alcanzado madurez, para los que por el uso tienen los sentidos ejercitados en el discernimiento del bien y del mal.*

El discernimiento viene con la práctica y con el estudio prolongado de la Palabra de Dios.

## Distinguiendo el alma del espíritu

La palabra griega para espíritu es *pneuma*, que significa "soplo", "viento" y "espíritu". El adjetivo correspondiente es *pneumatikos*, y, se traduce como "espiritual".

La palabra griega para *alma* es *psuche*; el adjetivo correspondiente es *psuchikos*, el cual significa "natural", "sensual", "no espiritual" y "mente mundana". "Almado" es una palabra que yo creé para acomodar estos significados. Consideremos las diferencias entre "espiritual" y "almado" con relación al cuerpo, como está delineado en el Nuevo Testamento.

### Cuerpo

En la primera epístola a los corintios, Pablo desarrolló los conceptos de cuerpo espiritual y cuerpo almado. Referente a la resurrección, escribió: *"Se siembra cuerpo* [un cuerpo almado] *animal, resucitará cuerpo espiritual. Hay cuerpo* [cuerpo almado] *animal, y hay cuerpo espiritual* (1 Corintios 15:44).

Él en el versículo 46 continúa: *"Mas lo espiritual no es primero, sino lo animal* [almado]; *luego lo espiritual.* Nuestros cuerpos actuales son almados; nuestros cuerpos resucitados serán espirituales.

Creo que esta transformación eliminará la necesidad de una "palanca de velocidad". Nuestros espíritus dirigirán nuestros cuerpos, determinando a dónde ir, qué decir y qué hacer; ya no dependerán más del alma para tomar estas decisiones. Seremos como los querubines descritos en Ezequiel 1:12: *"Y cada uno caminaba derecho hacia adelante; hacia donde el espíritu les movía que anduviesen, andaban; y cuando andaban, no se volvían'.* El versículo 20, dice: *"Hacia donde el espíritu les movía que anduviesen, andaban".*

## Descendiendo de lo terrenal a lo almado, y de lo almado a lo demoníaco

Santiago 3:15 es mas conciso y profundo: *"Porque esta sabiduría no es la que desciende de lo alto, sino terrenal, animal, diabólica".* Este pasaje marca los pasos en el descenso de la sabiduría, un descenso que permite a los demonios infiltrarse en el trabajo, en las gentes, y en la iglesia de Dios. Siendo terrenal pareciera un tanto inocente, pero le toma poco tiempo para que la apatía eche raíz, arrastrando al individuo hacia abajo metiéndolo en el reino almado, y quizás más adelante introduciéndolo al reino demoníaco.

## Terrenal

¿Qué significa ser terrenal? Desde el punto de vista de un cristiano, los individuos terrenales se centran en nuestra vida terrenal y nada más—nada más allá. Si un individuo terrenal es cristiano, espera que Dios provea bendiciones aplicables solamente a esta vida: prosperidad, salud, poder, éxito y otras búsquedas almadas.

Para obtener un mejor entendimiento del individuo terrenal, es útil reconocer a los individuos que fueron decididamente extraordinarios. Un ejemplo es Abraham:

> *Por la fe habitó como extranjero en la tierra prometida como en tierra ajena, morando en tiendas con Isaac y Jacob, coherederos de la misma promesa; porque esperaba la ciudad que tiene fundamentos, cuyo arquitecto y constructor es Dios.*
>
> (Hebreos 11:9–10)

Abraham aceptó la temporalidad de la vida terrenal, habitando en tiendas en vez de construir residencia en la Tierra Prometida. En contraste, Lot quien se separó de Abraham y se regresó a la ciudad pecadora de Sodoma, vivió en una casa y abandonó la mentalidad de lo eterno por la mundana.

*Este mundo no es nuestro hogar. Nos volvemos almados si nos olvidamos de eso.*

Dios espera que adoptemos la mentalidad de Abrahán. Este mundo no es nuestro hogar. Cuando olvidamos eso, nos volvemos almados.

Un segundo ejemplo de un individuo extraordinario es Moisés, descrito en Hebreos 11:27: *"Por la fe dejó a Egipto, no temiendo la ira del rey; porque se sostuvo como viendo al Invisible"*. Moisés se soportó porque miró las adversidades pasadas en lo presente para una certeza del cumplimiento futuro.

En 1 Corintios 15:19, Pablo escribió: *"Si en esta vida solamente esperamos en Cristo, somos los más dignos de conmiseración de todos los hombres"*. Si el propósito de nuestra fe cristiana es solamente recibir bendiciones en esta vida terrenal, somos dignos de lástima. Muchos hemos olvidado el hecho de que somos extranjeros en tránsito por este mundo y consecuentemente, sus pensamientos y ambiciones pierden el apropiado enfoque. Ellos se vuelven terrenales.

## Almado

Almado es el nivel bajo lo terrenal. ¿Qué es la esencia del alma? Como se describió anteriormente, el alma es esencialmente el yo. Las personas almadas son egocéntricas, preocupados exclusivamente de ellos mismos.

Mientras la persona espiritual pregunta: "¿Cómo puedo glorificar a Dios?" la persona almada pregunta: ¿Qué hay en esto para mi?" También la iglesia contemporánea con demasiada frecuencia contribuye a esta búsqueda de ganancia personal en vez de darle gloria a Dios.

En 1 Corintios 2:14–15, Pablo escribió:

*Pero el hombre natural* [almado] *no percibe las cosas que son del Espíritu de Dios, porque para él son locura, y no las puede entender, porque se han de discernir espiritualmente. En cambio el espiritual juzga todas las cosas; pero él no es juzgado de nadie.*

El hombre almado no puede discernir la verdad espiritual porque debe hacerlo con el espíritu; él únicamente está adaptado a las atracciones carnales con sus emociones. Uno puede estar motivado por la almacidad para contribuir con un diezmo o una ofrenda sustancial para la iglesia, pero esta motivación impropia lo volverá inefectiva.

La gente almada adora a Dios para tener un buen momento. Con frecuencia dicen: "Qué maravilloso servicio de adoración".

Pero, el propósito de la adoración no es para que ganemos un buen momento. Sino pues, el propósito de la adoración es justo lo que esta dice—¡adorar! La apropiada adoración alaba a Dios; no busca elevar nuestras emociones o incitar nuestros sentidos. En el proceso de adoración a Dios, nuestras emociones pueden o no pueden ser elevadas o incitadas, pero esto no debería ser nuestro enfoque principal.

*La adoración apropiada no busca elevar nuestras emociones para incitar nuestros sentidos.*

Habiendo sido predicador por muchos años, he visto lo almado atraer la emoción que conmueve a la gente a llorar y que los hace emocionarse—sin cambiarlos. Una semana más tarde, están generalmente iguales. Es lamentable cómo tantas iglesias se especializan en el reino del alma en vez de en el reino del espíritu. La gente en el reino almado son alejados con poco esfuerzo, ubicándose para el engaño. Esto puede ser evitado solamente por medio de distinguir entre el reino espiritual y el reino almado.

## Demoníaco

El paso más debajo de lo almado es el demoníaco. El patrón de progresión de lo terrenal a lo almado, y, de éste a lo demoníaco está quizás mejor ilustrado en el Antiguo Testamento por medio de Aarón, el sumo sacerdote de Israel que edificó un ídolo de oro. Éxodo 32:1–6 describe su caída:

> *Viendo el pueblo que Moisés tardaba en descender del monte, se acercaron entonces a Aarón, y le dijeron: Levántate, haznos dioses que vayan delante de nosotros; porque a este Moisés, el varón que nos sacó de la tierra de Egipto, no sabemos qué le haya acontecido. Y Aarón les dijo: Apartad los zarcillos de oro que están en las orejas de vuestras mujeres, de vuestros*

*hijos y de vuestras hijas, y traédmelos. Entonces todo el pueblo apartó los zarcillos de oro que tenían en sus orejas, y los trajeron a Aarón; y él los tomó de las manos de ellos, y le dio forma con buril, e hizo de ello un becerro de fundición. Entonces dijeron: ¡Israel, estos son tus dioses, que te sacaron de la tierra de Egipto! Y viendo esto Aarón, edificó un altar delante del becerro; y pregonó Aarón y dijo: Mañana será fiesta para Jehová [Yahvé]. Y al día siguiente madrugaron, y ofrecieron holocaustos, y presentaron ofrendas de paz; y se sentó el pueblo a comer y a beber, y se levantó a regocijarse.* (Éxodo 32:1–6)

Hay varios pasajes significativos en este pasaje los cuales deben notarse. Primero, el pueblo le dio el crédito a Moisés por su liberación—*"el varón que nos sacó de la tierra de Egipto"*—en vez de reconocer la providencia de Dios. Su enfoque en líderes humanos los volvió a la idolatría.

> ## El regocijo falso es la esencia de la idolatría.

Este pasaje también concluye con la idolatría—*"el pueblo...se levantó a regocijarse"*. El regocijarse falsamente es la esencia de la idolatría, y, cuando nuestra adoración se convierte en juego, somos llevado de lo espiritual a lo almado, y,—por último—a lo demoníaco.

Mucho de lo que llamamos "adoración" en nuestras iglesias no es del todo adoración. Es egocéntrico, centrado en encontrar cómo obtener sanidad de Dios, bendiciones y otras provisiones. Mucha música en los servicios de la iglesia hoy apelan al alma, estimulándolos de la misma manera que lo hace la música secular.

Lo que es increíble de la reincidencia de Aarón y el pueblo es cuan repentinamente ocurrió. Dos meses antes de que Aarón hiciera el becerro de oro, Moisés recibió los Diez Mandamientos de Dios en el Monte Sinaí. El pueblo respondió impresionado, con el temor y reverencia, tal como lo describe Éxodo 20:18–21:

*Todo el pueblo observaba el estruendo y los relámpagos, y el sonido de la bocina, y el monte que humeaba; y viéndolo el pueblo, temblaron, y se pusieron de lejos. Y dijeron a Moisés: Habla tú con nosotros, y nosotros oiremos; pero no hable Dios con nosotros, para que no muramos. Y Moisés respondió al pueblo: No temáis; porque para probaros vino Dios, y para que su temor esté delante de vosotros, para que no pequéis. Entonces el pueblo estuvo a lo lejos, y Moisés se acercó a la oscuridad en la cual estaba Dios.*

En el término de dos meses, el pueblo había abandonado sus actitudes de temor y reverencia; en su lugar había una actitud de indiferencia e idolatría. Una vez que sus necesidades físicas habían sido suplidas—sus apetitos saciados, sus cuerpos vestidos suficientemente—ellos pidieron entretenimiento en forma de adoración.

Un segundo ejemplo de deslizarse de lo espiritual a lo demoníaco se encuentra en Levítico 9:23–10:2:

*Y entraron Moisés y Aarón en el tabernáculo de reunión, y salieron y bendijeron al pueblo; y la gloria de Jehová se apareció a todo el pueblo. Y salió fuego de delante de Jehová, y consumió el holocausto con las grosuras sobre el altar; y viéndolo todo el pueblo, alabaron, y se postraron sobre sus rostros. Nadab y Abiú, hijos de Aarón, tomaron cada uno su incensario, y pusieron en ellos fuego, sobre el cual pusieron incienso, y ofrecieron delante de Jehová fuego extraño, que él nunca les mandó. Y salió fuego de delante de Jehová y los quemó, y murieron delante de Jehová.*

El mismo fuego que consumió un sacrificio aceptable, consumió a estos hombres que adoraron con un espíritu de error.

En nuestra experiencia, *"fuego extraño"* significa adorar en otro espíritu que no sea el Espíritu Santo.

## Restaurando un sentido de reverencia

En el Nuevo Testamento, el libro de Hebreos nos insta a mantener la misma reverencia de Dios que fue inspirada en los eventos del Antiguo Testamento, tales como el juicio de Dios sobre Sodoma y Gomorra. Hebreos 12:28–29 dice:

*Así que, recibiendo nosotros un reino inconmovible, tengamos gratitud, y mediante ella sirvamos a Dios agradándole con temor y reverencia; porque nuestro Dios es fuego consumidor.*

Un nuevo ejemplo en el Nuevo Testamento del juicio santo de Dios es Su impresionante toque de muerte a Ananías y Safira cuando cometieron fraude con sus ofrendas. *"Y vino gran temor sobre toda la iglesia, y sobre todos los que oyeron estas cosas"* (Hechos 5:11).

¿Cuánta reverencia encontramos hoy en la iglesia? Cierto verano en Gran Bretaña, yo hablaba con un ministro amigo quien hizo el siguiente comentario: "Yo encuentro gente que habla de Dios como si Él fuera alguien con quien ellos se reúnen en la taberna".

*¿Cuánta reverencia encontramos hoy en la iglesia?*

Muchas personas ven a Dios como un amigo eventual o un compañero íntimo. Él invita nuestro compañerismo y comunión con Él, pero nunca debemos perder el sentido de reverencia a la santidad de Dios. Con demasiada frecuencia la falta de reverencia conduce a la frivolidad y petulancia no bíblica. Como Carlos Finney lo comentó en una ocasión: "Dios nunca emplea a un bufón para escudriñar las conciencias".

Un ministerio del Espíritu Santo es para convencernos de pecado. Donde falta la convicción, también hace falta la obra del Espíritu Santo.

## Evitando las trampas de Satanás

Las condiciones de la humanidad no van a mejorar. En 2 Timoteo 3:2–4, Pablo advirtió que los humanos estarían como al principio. Él enumeró dieciocho defectos morales que estarán predominando.

*Porque habrá hombres amadores de sí mismos, avaros, vanagloriosos, soberbios, blasfemos, desobedientes a los padres, ingratos, impíos, sin afecto natural, impetuosos, infatuados, amadores de los deleites más que de Dios.*

Notamos que esta lista denota amor mal fundado—amor a uno mismo, amor al dinero y amor a los placeres. Lo almado, o el amor a uno mismo, permite la entrada del mal. El versículo 5 concluye: *"…que tendrán apariencia de piedad, pero negarán la eficacia de ella; a éstos evita"*. A pesar de tener apariencia de piedad—ellos eran probablemente cristianos profesantes—la gente descrita aquí permite el egoísmo y los vicios que esto conlleva.

Satanás se deleita grandemente en aquellos que se aman y exaltan a sí mismos, pues estableció el precedente para esta actitud (Véase Isaías 14:12–15). Él desvía a las personas, estimulándolos a que amen cualquier cosa—el dinero, el placer, el poder o a ellos mismos—más de lo que aman a Dios. Como la perversión de algo designado para bien, el amor mal fundado puede volvernos candidatos para el engaño de Satanás. Él toma lo que es bueno y puro, volviéndolo en un instrumento de nuestro propio engaño y fracaso.

En el próximo capítulo, aprenderemos más de las tácticas de Satanás para poder reconocerlas y evitar caer en ellas.

# La agenda

## maligna de Satanás

**J**esús volverá otra vez a la tierra por Su novia, la iglesia. No obstante, no es el único con planes para el fin de este siglo. Satanás tiene proyectos reservados para desbaratar los propósitos de Dios. Para resistirlo, debemos entender cuáles son. Estos objetivos describen sus metas para el fin del siglo.

Satanás gobierna lo no regenerado, sin embargo, Pablo escribió a los cristianos convertidos en Efesios 2:1–3, recordándoles de su liberación:

> *Y él os dio vida a vosotros, cuando estabais muertos en vuestros delitos y pecados, en los cuales anduvisteis en otro tiempo, siguiendo la corriente de este mundo, conforme al príncipe de la potestad del aire, el espíritu que ahora opera en los hijos de desobediencia, entre los cuales también todos nosotros vivimos en otro tiempo en los deseos de nuestra carne, haciendo la voluntad de la carne y de los pensamientos, y éramos por naturaleza hijos de ira, lo mismo que los demás.*

Satanás gobierna el reino que Dios originalmente le había confiado a Adán. Cuando Adán pecó y cayó, rindió su gobierno del mundo, entregándolo a Satanás. El gobierno de Satanás se extiende sólo en aquellos que desobedecen a Dios; no obstante, cuando hombres y mujeres regresan a Dios con arrepentimiento genuino, fe y sometimiento, ellos cortan el derecho legal de Satanás sobre ellos.

## Fuerza limitada

Por otra parte, el control de Satanás sobre la humanidad no es ilimitado. Aunque sus ángeles aliados, que se unieron en su rebelión, están completamente bajo su control, la sujeción de los humanos expresada en la desobediencia a Dios, es solamente parcial. El Espíritu Santo es la influencia limitadora, quien, obrando en los corazones de hombres y mujeres para efectuar el arrepentimiento y la fe en Jesucristo, evita que Satanás tome el completo control de la humanidad.

Creo que el Espíritu Santo opera por medio de canales humanos para guardarlos del poder de Satanás. Un ejemplo anterior de esos canales fue Noé y su familia, a quienes Dios, de entre toda la humanidad, preservó del diluvio.

Satanás tiene dos objetivos primarios: ganar el control político de la tierra y granjearse la adoración del mundo. Mientras nos acercamos al cumplimiento de Dios sobre la tierra, también nos acercamos más al cumplimiento de las metas de Satanás. Sin embargo, al final estas metas quedarán frustradas.

*Al final las metas de Satanás quedarán frustradas.*

Durante los siglos, los planes de Satanás han sido frustrados por la obra del Espíritu de Dios, quien hace que los hombres regresen a Dios a través del arrepentimiento y sometimiento. Cuando el Espíritu triunfa, el dominio de Satanás se debilita. El dejar solo al hombre, el género humano, el cual es por naturaleza inclinado al pecado y la rebelión, prometería completa alianza a Satanás; entonces el hombre se alejaría de Dios totalmente. No obstante, gracias al Espíritu Santo, la gracia y la misericordia de Dios se mueven en el corazón de los hombres, dirigiéndolos al arrepentimiento y buscando la protección de Dios.

## Las señales y maravillas sobrenaturales de Satanás

Como quedó establecido anteriormente, Satanás tiene poderes sobrenaturales a sus órdenes. Al final de este siglo estallará un conflicto de poderes sobrenaturales: Dios contra Satanás. En 2 Timoteo 3:8–9, leemos acerca de los hechiceros del faraón quienes reprodujeron las maravillas realizadas por Moisés:

> *Y de la manera que Janes y Jambres* [magos en tiempos de Moisés] *resistieron a Moisés, así también éstos resisten a la verdad; hombres corruptos de entendimiento, réprobos en cuanto a la fe. Mas no irán más adelante; porque su insensatez será manifiesta a todos, como también lo fue la de aquellos.*

Al final del siglo, un choque ocurrirá: el poder sobrenatural del Espíritu Santo y los siervos de Dios combatirán contra el poder sobrenatural de Satanás y sus servidores—o sea, los magos, los brujos, los encantadores, los clarividentes, los médiums y otros que tienen que ver con el ocultismo. Los servidores de Satanás serán puestos en vergüenza, tal como lo fueron los magos en Egipto, quienes solamente pudieron reflejar el primero de los tres milagros de Moisés:

Éxodo 7:10, dice, *"Vinieron, pues, Moisés y Aarón a Faraón, e hicieron como Jehová lo había mandado. Y echó Aarón su vara delante de Faraón y de sus siervos, y se hizo culebra"*. Faraón llamó a sus hechiceros, quienes exitosamente convirtieron sus varas en serpientes, pero el final es significativo: La vara de Aarón se comió las varas de los hechiceros (Véase los versículos 11–12).

Aun así, el faraón no se turbó; el conflicto continuó en Éxodo 7:19–22:

*Y Jehová dijo a Moisés: Di a Aarón: Toma tu vara, y extiende tu mano sobre las aguas de Egipto, sobre su s ríos, sobre sus arroyos y sobre sus estanques, y sobre todos sus depósitos de aguas, para que se conviertan en sangre, y haya sangre por toda la región de Egipto, así en los vasos de madera como en los de piedra. Y Moisés y Aarón hicieron como Jehová lo mandó; y alzando la vara golpeó las aguas que había en el río, en presencia de Faraón y de sus siervos; y todas las aguas que había en el río se convirtieron en sangre. Asimismo los peces que había en el río murieron…Y los hechiceros de Egipto hicieron lo mismo con sus encantamientos.* (Éxodo 7:19–22)*

Los magos de Faraón convirtieron las aguas en sangre, por lo que Faraón se preguntaba por qué debía hacer caso al mensaje de Moisés.

En Éxodo 8:5–6, el modelo continuó con las ranas:

*Y Jehová dijo a Moisés: Di a Aarón: Extiende tu mano con tu vara sobre los ríos, arroyos y estanques, para que haga subir ranas sobre la tierra de Egipto. Entonces Aarón extendió su mano sobre las aguas de Egipto, y subieron ranas que cubrieron la tierra de Egipto.*

Los magos repitieron el proceso, y Faraón le dijo a Moisés: "Yo no necesito escucharte, pues mis magos han hecho todo lo que tú hiciste". El corazón de Faraón se endureció y rehusó aceptar la petición de Moisés.

Finalmente, en Éxodo 8:16–19, Moisés causó gran impacto con sus subsiguientes señales:

*Entonces Jehová dijo a Moisés: Di a Aarón: Extiende tu vara y golpea el polvo de la tierra, para que se vuelva piojos por todo el país de Egipto. Y ellos lo hicieron así; y Aarón extendió su mano con su vara, y golpeó el polvo de la tierra, el cual se volvió piojos, así en los hombres como en las bestias; todo el polvo de la tierra se volvió piojos en todo el país de Egipto. Y los hechiceros hicieron así también, para sacar piojos con sus encantamientos; pero no pudieron. Y hubo piojos tanto en los hombres como en las bestias. Entonces los hechiceros dijeron a Faraón: Dedo de Dios es éste. Mas el corazón de Faraón se endureció, y no los escuchó, como Jehová lo había dicho.*

Así como en los días de Moisés, la batalla final sobre la tierra no romperá el plano humano de razonamiento y argumentación, sino el plano sobrenatural.

## Debemos escoger

Satanás quiere distraer la atención del hombre y que éste lo adore. Para cumplir estas metas, él busca a alguien para concederle el control político sobre el mundo. Esta fue la mira que lo empujó a tentar a Jesús, ofreciéndole poder a cambio de que lo adorara.

Satanás buscaba concederle poder a Jesús para que todos aquellos que lo adoraran a Él, en cambio adoraran la fuente de Su mérito, en este caso, Satanás (Véase Lucas 4). A esta oferta, respondió Jesús: *"Vete de mí, Satanás"* (Lucas 4:8).

*Satanás busca a alguien para concederle el control político sobre el mundo.*

La mayoría de las personas leen esto como un enfático despido de Satanás, pero lo que el lenguaje parece decir en vez de eso, es: "Sigue detrás de Mí". Jesús le dijo a Satanás: "Yo iré primero, y tú me sigues después". Dondequiera que Cristo es predicado y proclamado, al diablo le es permitido seguirlo, vendiendo una alternativa el falso cristo, o Anticristo.

Esto le presenta al género humano una elección: Cristo o el Anticristo. Esto prefigura la presentación de Poncio Pilato a la multitud con la decisión de quién debía ser liberado de la prisión:

*"¿A quién queréis que os suelte: a Barrabás, o a Jesús, llamado el Cristo?"* (Mateo 27:17). Ellos escogieron a Barrabás, el criminal, trayendo por primera vez la manifestación en la historia humana del espíritu del anticristo. Sometido al plan de Satanás, el pueblo rechazó al verdadero Cristo y eligió a un hombre malo y violento.

Al final de este siglo parecerá misteriosamente familiar: los hombres escogerán entre el verdadero Cristo y el falso cristo. Primero, el verdadero Cristo será predicado en todas las naciones, acompañado de señales y demostraciones del Espíritu Santo. El próximo paso será que Satanás concederá poder al Anticristo. La decisión seguirá: ¿Jesús o Barrabás? ¿Jesucristo o Satanás?

## Estrategias de Satanás

Debido a que Jesús rehusó hacer pacto con él, Satanás busca a otro hombre de notable habilidad y personalidad carismática para ganarse el favor del mundo. Entretanto, él utiliza dos estrategias: intervención sobrenatural por medio de espíritus satánicos, y, corrupción progresiva de la moral y ética humana. Una declinación de la moral es ya evidente en los regímenes de gobernantes brutales como Adolfo Hitler y José Stalin. Menos obvio, pero no menos odioso, es el uso de intervención sobrenatural por medio de espíritus satánicos. Satanás también utilizará falsos profetas y surgirán falsos cristos para engañar y destruir a los seguidores de Cristo.

### Intervención por medio de espíritus satánicos

El Antiguo Testamento afirma esta intervención de los espíritus satánicos. Génesis 6:1–2 describe los tiempos de Noé:

*Aconteció que cuando comenzaron los hombres a multiplicarse sobre la faz de la tierra, y les nacieron hijas, que viendo los hijos de Dios que las hijas de los hombres eran hermosas, tomaron para sí mujeres, escogiendo entre todas.*

Creo que la frase *"hijos de Dios"* se refiere a ángeles—ángeles que se rebelaron contra Dios, violando las normas del reino angélico y cohabitando con mujeres humanas. Un antiguo mito y registros históricos de muchas culturas confirman este suceso.

El versículo 4 continúa:

*Había gigantes* [en hebreo: *nefilin*, "los caídos"] *en la tierra en aquellos días, y también después que se llegaron los hijos de Dios a las hijas de los hombres, y les engendraron hijos. Estos fueron los valientes que desde la antigüedad fueron varones de renombre.*

Estos *"varones de renombre"* en griego se les llama "héroes", y, en la mitología griega, la mayoría de los héroes trazan sus orígenes en la unión entre un dios y una mujer humana, tales como Zeus y Leda. La intervención de Satanás y su hueste generó un último legado de corrupción en la raza humana. Yo he conocido por lo menos a tres mujeres que me han dicho que los demonios las buscaron para hacer el amor con ellas.

En 1 Pedro 3:19–20, nos enteramos que Jesús predicó a los espíritus en el Hades: *"En el cual también fue y predicó a los espíritus encarcelados, los que en otro tiempo desobedecieron, cuando una vez esperaba la paciencia de Dios en los días de Noé".* El libro de Judas incluye un registro similar:

*Y a los ángeles que no guardaron su dignidad, sino que abandonaron su propia morada* [ejemplo: no permanecieron en el plano celestial], *los ha guardado bajo seguridad, en prisiones eternas, para el juicio del gran día; como Sodoma y Gomorra y las ciudades vecinas, las cuales de la misma manera que aquéllos, habiendo fornicado e ido en pos de vicios contra naturaleza, fueron puestas por ejemplo, sufriendo el castigo del fuego eterno.* (Judas 6–7)

Entre la muerte y la resurrección, Jesús descendió al Hades, donde Dios tenía espíritus aprisionados por razones específicas.

La mitología griega hace mucha referencia a un lugar llamado Tártaro, el mismo nombre usado en el Nuevo Testamento para el lugar donde fueron echados estos ángeles prisioneros. Uno de los diccionarios griego explica que Tártaro es un lugar de aprisionamiento, hecho para maldades específicas, localizado debajo del Hades así como el Hades está debajo de la superficie tierra. En este respecto, la Biblia y la mitología griega están de acuerdo.

## Corrupción y declinación en lo ético y lo moral

La intervención sobrenatural de los ángeles satánicos fue acompañada por declinación de la moral. Génesis 6:5, dice: *"Y vio Jehová que la maldad de los hombres era mucha en la tierra, y que todo designio de los pensamientos* ["todo pensamiento"] *del corazón de ellos era de continuo solamente el mal"*. La imaginación de los hombres conspiraban nociones viles.

El versículo 11 continúa: *"Y se corrompió la tierra delante de Dios, y estaba la tierra llena de violencia"*. La violencia y el derramamiento de sangre eran comunes.

*El diluvio en Génesis provee un vistazo del juicio final de Dios.*

Y el versículo 12 concluye: *"Y miró Dios la tierra, y he aquí que estaba corrompida; porque toda carne había corrompido su camino sobre la tierra"*. Así que, anterior al diluvio, la degeneración humana estaba caracterizada principalmente por malos pensamientos, violencia y perversión sexual.

El antiguo acontecimiento del juicio de Dios sobre el mundo, el diluvio, provee también un vistazo del juicio final de Dios. Repito, el Espíritu Santo debe operar por medio de un canal—en el caso del diluvio, Él obró por medio de Noé y su familia.

En Génesis 7:1, Dios le dio a Noé la razón de Su elección: *"Entra tú y toda tu casa en el arca; porque a ti he visto justo delante de mí en esta generación"*. La justicia de Noé bastaba para su familia también, un claro ejemplo de lo que se declara en Hechos 16:31: *"Ellos dijeron: Cree en el Señor Jesucristo, y serás salvo, tú y tu casa"*. Cuando Noé y su familia estuvieron a salvo, el Espíritu de Dios los retiró del resto de la humanidad, dándole a Satanás libertad de gobernar durante siete días, el tiempo cuando Noé y su familia estaban sellados dentro del arca antes de que la lluvia llegara. El juicio sobrevino, y, en los días finales una secuencia parecida acontecerá. Jesús dijo en Lucas 17:26: *"Como en los días de Noé, así también será en los días del Hijo del Hombre"*.

## Otro gobernador malvado

Otro modelo del Antiguo Testamento que prefigura el final de esta era ocurrió en los días de Acab, un gobernador malvado del reino del norte de Israel. Su gobierno desplegó ambas características: la degeneración del carácter humano y la intervención satánica sobrenatural:

> *Comenzó a reinar Acab hijo de Omri sobre Israel el año treinta y ocho de Asa rey de Judá. Y reinó Acab hijo de Omri sobre Israel en Samaria veintidós años. Y Acab hijo de Omri hizo lo malo ante los ojos de Jehová, más que todos los que reinaron antes de él. Porque le fue ligera cosa andar en los pecados de Jeroboam hijo de Nabat, y tomó por mujer a Jezabel, hija de Etbaal rey de los sidonios, y fue y sirvió a Baal, y lo adoró. E hizo altar a Baal, en el templo de Baal que él edificó en Samaria. Hizo también Acab una imagen de Asera, haciendo así Acab más que todos los reyes de Israel que reinaron antes que él, para provocar la ira de Jehová Dios de Israel.*
>
> (1 Reyes 16:29–33)

Primera de Reyes 21:25, describe más sucintamente la maldad de Acab: *"A la verdad ninguno fue como Acab, que se vendió para hacer lo malo ante los ojos de Jehová; porque Jezabel su mujer lo incitaba"*. ¿A quién se vendió Acab? A Satanás, el autor de las maldades—él hizo pacto con el diablo. La esposa de Acab, Jezabel, prefigura la prostituta, o la falsa iglesia. Ella persiguió y mató a los profetas de Jehová, y en su lugar fomentó los falsos profetas (Véase 1 Reyes 18:4). Sus tácticas representan lo que podemos esperar de la falsa iglesia al final del siglo.

### Falsos profetas

Junto con la falsa iglesia, esperamos que aparezcan falsos profetas y falsos cristos. Aquéllos que no tengan sus raíces en Cristo serán ignorantes del poder de la verdad de Dios, y, sucumbirán al engaño y destrucción final.

*Los profetas logran que las personas se vuelvan de sus malos caminos.*

Primera de Timoteo 4:1, da una clara advertencia: *"Pero el Espíritu dice claramente que en los postreros tiempos algunos apostarán de la fe, escuchando a espíritus engañadores y a doctrinas de demonios"*. Segunda de Timoteo 3:13, predice: *"Más los malos hombres y los engañadores irán de mal en peor, engañando y siendo engañados"*.

Jeremías 23:16–17 advierte que los falsos profetas hablarán de paz; entretanto, los verdaderos profetas advertirían de destrucción:

*Así ha dicho Jehová de los ejércitos: No escuches las palabras de los profetas que os profetizan; os alimentan con vanas esperanzas; hablan visión de su propio corazón, no de la boca de Jehová. Dicen atrevidamente a los que me irritan: 'Jehová dijo: Paz tendréis; y a cualquiera que anda tras la obstinación de su corazón, dicen: No vendrá mal sobre vosotros.*

Un profeta puede dar palabras de ánimo, pero si no estamos caminando de acuerdo a la verdad de Dios, esas palabras no se aplican. El profeta falso alimenta falsa esperanza. Jeremías continúa: *"Porque ¿quién estuvo en el secreto de Jehová, y vio, y oyó su palabra? ¿Quién estuvo atento y la oyó?"* (Versículo 18). Un verdadero profeta da el consejo del Señor y logra que las personas se vuelvan de los malos caminos.

Los falsos profetas provocan muchos problemas y desvían a las personas que miran a los profetas como aquellos que interpretan la voluntad de Dios y los caminos de Dios. Una interpretación falsa o fabricada desvía a los que la aceptan. Ezequiel 22:25–27 provee un vívido ejemplo:

*Hay conjuración de sus profetas en medio de ella, como león rugiente que arrebata presaSus sacerdotes violaron mi ley, y contaminaron mis santuarios; entre lo santo y lo profano no hicieron diferencia, ni distinguieron entre inmundo y limpio… Sus príncipes en medio de ella son como lobos que arrebatan presa, derramando sangre, para destruir las almas, para obtener ganancias injustas.*

Dios juzga a profetas, a sacerdotes, a príncipes y al pueblo; no obstante, Él comienza con los profetas, quienes lo representan a Él y Su voluntad.

## Se espera un aumento

En tiempos de declinación espiritual, los falsos profetas se multiplican. En los tiempos de Elías, durante el prolongado reino del rey Acab, hubo cuatrocientos cincuenta profetas de Baal y cuatrocientos profetas de Asera, una deidad pagana inmoral. Eso hacía un total de ochocientos cincuenta profetas falsos, haciendo un contraste con un verdadero profeta, Elías.

También durante el reino de Acab, él utilizó el testimonio de otros cuatrocientos falsos profetas para convencer a Josafat, rey de Judá, para que fuera a la guerra contra Ramot de Galaad. En esta ocasión, también hubo un verdadero profeta, Micaías.

Solamente este período fue testigo de mil doscientos cincuenta falsos profetas y sólo dos profetas verdaderos.

## Los tratos de Dios

En Ezequiel 22:23–24, Dios pronunció juicio sobre Israel: *"Vino a mí palabra de Jehová, diciendo: Hijo de hombre, di a ella [la tierra de Israel]: Tú no eres tierra limpia, ni rociada con lluvia en el día del furo"*.

Cuando yo fui director de una universidad, un estudiante de nombre Wilson Mamboleo hizo una declaración que me estremeció: "La única cosa que puede limpiar la tierra es la lluvia del Espíritu Santo". Sin la lluvia del Espíritu Santo, el pueblo de Israel estaba sucio.

Ezequiel sigue describiendo cómo Dios tratará con cuatro grupos: los profetas, los sacerdotes, los príncipes y el pueblo. Él trata con ellos en este orden, comenzando con los profetas, quienes interpretan la voluntad de Dios y los caminos de Dios para Su pueblo. Ezequiel 22:25–28, lee:

> *Hay conjuración de sus profetas en medio de ella, como león rugiente que arrebata presa. Sus sacerdotes violaron mi ley, y contaminaron mis santuarios; entre lo santo y lo profano no hicieron diferencia, ni distinguieron entre inmundo y limpio... Sus príncipes en medio de ella son como lobos que arrebatan presa....Y sus profetas recubrían con lodo suelto, profetizando vanidad y adivinándoles mentira, diciendo: así ha dicho Jehová el Señor; y Jehová no ha hablado.*

Dios comienza el juicio con la iglesia—con los profetas. Desafortunadamente, los falsos profetas abundan.

> *Cuando se levantare en medio de ti profeta, o soñador de sueños, y te anunciare señal o prodigio, y si se cumpliere la señal o prodigio que él te anunció, diciendo: Vamos en pos de dioses*

*ajenos, que no conociste, y sirvámosles; no darás oídos a las palabras de tal profeta, ni al tal soñador de sueños; porque Jehová vuestro Dios os está probando, para saber si amáis a Jehová vuestro Dios con todo vuestro corazón, y con toda vuestra alma. En pos de Jehová vuestro Dios andaréis; a Él temeréis, guardaréis Sus mandamientos y escucharéis Su voz, a Él serviréis, y a Él seguiréis.* (Deuteronomio 13:1–4)

Del pasaje anterior vemos que los falsos profetas dan predicciones que pueden llegar a suceder, pero ellas no son de Dios pues las predicciones contradicen la voluntad de Dios revelada en las Escrituras. Deuteronomio 18:20–22, dice:

*El profeta que tuviere la presunción de hablar palabra en mi nombre, a quien yo no le haya mandado hablar, o que hablare en nombre de dioses ajenos, el tal profeta morirá. Y si dijeres en tu corazón: ¿Cómo conoceremos la palabra que Jehová no ha hablado?; si el profeta hablare en nombre de Jehová, y no se cumpliere lo que dijo, ni aconteciere, es palabra que Jehová no ha hablado; con presunción la habló el tal profeta; no tengáis temor de él.*

Debemos cuidarnos de no ser engañados por los falsos profetas, quienes tampoco pueden hacer predicciones que lleguen a ser verdaderas, sino que contradicen las Escrituras o hacen predicciones que no son verdaderas, porque no provienen de Dios. Es contrario a las Escrituras permitir que alguien ejerza el don de profecía sin revisar la profecía. Ella debe ir alineada con las Escrituras.

## La entrada de lo oculto

La entrada del ocultismo caracterizará el final del siglo. Practicantes de magia, exorcismo y hechicería se engañarán ellos mismos y a otros, preparando el camino para el Anticristo. Brujos, magos, clarividentes y otras personas con poderes sobrenaturales,

darán campo al poder satánico, el cual irá de mal en peor. Anteriormente vimos que tres de los mila-
gros realizados por Moisés, en nombre
de Dios, para que Faraón dejara salir a
los israelitas de Egipto fueron también
ejecutados por los brujos de Faraón,
demostrando el poder satánico en el
reino de lo sobrenatural.

*La profecía
debe ir
alineada
con las
Escrituras.*

La maldad de los perversos aumen-
tará, así como la bondad de los justos,
como lo enseña Apocalipsis 22:10–11:

*Y me dijo: No selles las palabras de la profecía de este libro,
porque el tiempo está cerca. El que es injusto, sea injusto todavía; y el que es inmundo, sea inmundo todavía; y el que es
justo, practique la justicia todavía; y el que es santo, santifí-
quese todavía.*

Dando tal libertad, las personas perseguirán sus inclinacio-
nes naturales para su lógico final. A los malos, el Señor les dice
que vivan su maldad; ustedes no tienen mucho tiempo. A los
justos, Él les dice que continúen la justicia con agrado.

## Dios juzgará el primer objetivo de Satanás

*"Porque es tiempo de que el juicio comience por la casa de Dios; y
si primero comienza por nosotros, ¿cuál será el fin de aquellos que no
obedecen al evangelio de Dios?"* (1 Pedro 4:17).

En Ezequiel 8:10–14, el profeta registra de lo que él fue testigo en la corte interior del templo de Jehová en Jerusalén:

*Entré, pues, y miré; y he aquí toda forma de reptiles y bestias
abominables, y todos los ídolos de la casa de Israel, que estaban pintados en la pared por todo alrededor. Y delante de ellos
estaban setenta varones de los ancianos de la casa de Israel,*

*y Jaazanías hijo de Safán en medio de ellos, cada uno con su incensario en su mano; y subía una nube espesa de incienso. Y me dijo: Hijo de hombre, ¿has visto las cosas que los ancianos de la casa de Israel hacen en tinieblas, cada uno en sus cámaras pintadas de imágenes? Porque dicen ellos: No nos ve Jehová; Jehová ha abandonado la tierra. Me dijo después: Vuélvete aún, verás abominaciones mayores que hacen éstos. Y me llevó a la entrada de la puerta de la casa de Jehová, que está al norte; y he aquí mujeres que estaban allí sentadas endechando a Tamuz.*

Dentro del templo de Dios, Su pueblo estaba adorando a figuras demoníacas horrendas. Mujeres llorando a Tamuz, un dios pagano de la fertilidad que "murió" en cierta estación del año y se pensaba que había resucitado en la primavera.

Ezequiel 8:16 continúa:

*Y me llevó al atrio de adentro de la casa de Jehová; y he aquí junto a la entrada del templo de Jehová, entre la entrada y el altar, como veinticinco varones, sus espaldas vueltas al templo de Jehová y sus rostros hacia el oriente, y adoraban al sol, postrándose hacia el oriente.*

Por estas prácticas abominables, Dios mandó juicio sobre Jerusalén. Para protegerlos, Él puso marcas especiales a los que se lamentaban por las abominaciones. Aquellos que no tenían marcas fueron destruidos (Véase Ezequiel 9:4–6).

*Los aliados de Satanás son perdedores.*

Los aliados de Satanás son perdedores por asociación, pues el mismo Satanás es un perdedor. Su derrota es inevitable, así que si nos hemos alineado con él, deberíamos ser astutos para cambiar de bando mientras podemos. Él no nos tratará amistosamente o compensará por cualquier esfuerzo; una vez que él termine con nosotros, él nos despreciará. Apocalipsis 17:16–17, dice:

> Y los diez cuernos que viste en la bestia, éstos aborrecerán a la ramera, y la dejarán desolada y desnuda; y devorarán sus carnes, y la quemarán con fuego; porque Dios ha puesto en sus corazones el ejecutar lo que él quiso: ponerse de acuerdo, y dar su reino a la bestia, hasta que se cumplan las palabras de Dios.

Sujetos al Anticristo, los diez cuernos por último destruirán a la ramera. De esta manera la falsa iglesia será auto-destruida, arruinada por el mismo poder político manipulado para lograr su posición.

## La iglesia hoy

Esta situación no es extraña en la iglesia de hoy. De hecho, yo creo que la misma inmundicia espiritual y las abominaciones que se infiltraron en el templo en los días de Ezequiel también han infiltrado la iglesia profesante de hoy.

Lo que más llama la atención de estas abominaciones, especialmente entre aquellos en posiciones de autoridad, como sacerdotes, obispos y otros clérigos, son feministas y homosexuales. Los críticos de la iglesia verdadera la llaman "patriarcal" y "jerárquica", intentando revisar sus estructuras y prácticas.

Una vez más, la persona a quien Dios mostrará misericordia es aquel que gime y se lamenta por estas abominaciones. Amós 6:3–6 ilustra esto claramente:

> Oh vosotros que dilatáis el día malo, y acercáis la silla de iniquidad. Duermen en camas de marfil, y reposan sobre sus lechos; y comen los corderos del rebaño, y los novillos de en medio del engordadero; gorjean al son de la flauta, e inventan

*instrumentos musicales, como David; beben vino en tazones, y*
*se ungen con los ungüentos más preciosos; y no se afligen por*
*el quebrantamiento de José.*

Si nos enfocamos en disfrutar en vez de cultivar una preocupación por los sufrimientos de aquellos que nos rodean, nuestros espíritus están lejos de Jesús.

Para un cuadro más completo de la moral y el análisis del fin de este siglo, volvamos a 2 Timoteo 3:1–5:

*También debes saber esto: que en los postreros días vendrán*
*tiempos peligrosos. Porque habrá hombres Amadores de sí*
*mismos, avaros, vanagloriosos, soberbios, blasfemos, desobe-*
*dientes a los padres, ingratos, impíos, sin afecto natural, impla-*
*cables, calumniadores, intemperantes, crueles, aborrecedores*
*de lo bueno, traidores, impetuosos, infatuados, amadores de*
*los deleites más que de Dios, que tendrán apariencia de piedad,*
*pero negarán la eficacia de ella; a éstos evita.*

A medida que se acercan esos días, debemos estar seguros de apartarnos del mal; de aquellos que presentan los rasgos antes mencionados, 2 Timoteo 3:5, nos dice: *"¡A éstos evita!"*

Debemos decidir con quién nos vamos a asociar, pues esto tendrá gran repercusión en nuestro destino final. Satanás planea enredarnos. Resistamos sus estratagemas y permanezcamos con aquellos que siguen al Señor.

# LAS MEZCLAS CREAN

## CONFUSIÓN Y DIVISIÓN

Una mezcla de lo bueno y lo malo da paso a dos resultados principales: confusión y división. Los mensajes mezclados contienen grados de verdad y falsedad, dando a los receptores dos respuestas opcionales: ellos pueden centrarse en el componente bueno o verdadero, y aceptar lo malo junto con ello; o, pueden centrarse en el componente malo o falso, rechazando lo bueno juntamente con ello.

En otro caso, los propósitos de Dios son obstaculizados. En la iglesia, la confusión siempre da paso a la división; las líneas de fallas se forman de acuerdo al enfoque de las personas. La reciente entrada de señales y prodigios indica una mezcla de espíritus: el Espíritu Santo y los espíritus inmundos.

### Advertencias contra las mezclas

En el Antiguo Testamento Dios advierte contra las mezclas. Deuteronomio 22:9, orienta: *"No sembrarás tu viña con semillas diversas, no sea que se pierda todo, tanto la semilla que sembraste como el fruto de la viña"*. Además, *"No ararás con buey y con asno juntamente"* (Versículo 10), y, *"No vestirás ropa de lana y lino juntamente"* (Versículo 11). Dios prohibió el cruce de ganado, sembrar con semillas mezcladas, y, vestir con ropa de material mezclado.

El principio impartidor por medio de estas prohibiciones es que cuando usted sirve al Señor, usted no debe mezclar dos tipos de cosas. Sembrar con semilla mezclada puede representar un mensaje comprometido mitad verdad, mitad error. Ponerse un vestido de material mezclado es como vivir al mismo tiempo de acuerdo con las Escrituras y de acuerdo con el modelo del mundo. Permitir el cruce de ganado puede representar un grupo de ministerio cristiano alineándose con otro grupo que no es cristiano.

> *Cuando servimos al Señor, no debemos mezclar dos tipos de cosas diferentes.*

Es interesante notar que cuando dos especies diferentes se cruzan, sus críos generalmente son estériles. Por ejemplo: cruzar un burro con una yegua, nace un mulo—un animal incapaz de reproducirse. Los grupos cristianos que se "cruzan" con un sistema de creencias diferentes—un grupo diferente—a menudo producen resultados estériles parecidos.

El rey Saúl presenta otra advertencia bíblica contra la mezcla de espíritus. En una ocasión, él profetizó bajo el Espíritu Santo; en otra ocasión, él profetizó bajo el espíritu demoníaco. A pesar de su reino de cuarenta años, sus victorias como comandante militar y sus otros éxitos, la mezcla resultó en su muerte. Justo antes de la batalla, él consultó a una bruja; al siguiente día, se suicidó en el campo de batalla. La mezcla de espíritus del rey Saúl y los resultados lamentables deben servirnos para desanimarnos a mezclar espíritus en nuestras vidas.

Debemos preguntarnos, como individuos y como iglesia, si estamos sembrando con semilla mezclada. ¿Tengo yo una combinación de verdad y falsedad? ¿Estoy poniéndome vestidos con materiales mezclados—parcialmente con la justicia de Jesús y parcialmente con mi propia naturaleza? Las bendiciones de Dios no permanecerán en aquello que es una mezcla de pureza e impureza.

## Falsedad encubierta en la verdad

Aunque acompañada por semillas de verdad, la maldad no debe entrar en la iglesia. No debemos ser pasivos o neutrales en relación a lo que aceptamos. Proverbios 8:13 nos enseña: *"El temor de Jehová es aborrecer el mal"*. Comprometerse con la maldad es una equivocación, es incluso pecaminoso. El diablo entra por la vía del mal con una meta *"hurtar y matar y destruir"* (Juan 10:10). Esta meta aplica a los individuos e igualmente a las congregaciones de las iglesias, y, nosotros debemos tomar una posición activa en defensa contra las estratagemas del diablo.

En cuanto a la obra del Espíritu Santo de Dios, muchas iglesias son como muros—sus congregaciones rehúsan tomar partido a favor o en contra, tratando de reconciliar a Dios con el mundo, tratando de mantener relaciones amistosas con ambos. Cuando el Espíritu Santo viene, electrifica la cerca—¡no más cercas defensoras! Debemos elegir entre un lado y el otro. Algunas iglesias resisten al Espíritu Santo para defender su neutralidad, pero Jesús dice: *"El que no es conmigo, contra mí es"* (Véase por ejemplo, Mateo 12:30).

### La negligencia va en aumento

La tendencia hoy es la tolerancia—y la iglesia de hoy no es la excepción. Las posibilidades parecen no tener límites—usted puede encontrar gente que baila, palmotean las manos, comprometiéndose en representaciones dramáticas o cualquier otra actividad anterior desconocida en la iglesia. Estos pudieran ser esfuerzos genuinos de adorar a Dios, pero pueden también ser innovaciones a la adoración que promueven distracción en vez de devoción.

El aumento de la tolerancia permite el aumento de las libertades; pocas restricciones específicas detienen al maligno. Sin embargo, Dios objeta la apatía de este siglo. Como vimos en el último capítulo, 2 Timoteo 3:1–5, advierte:

*También debes saber esto: que en los postreros días vendrán tiempos peligrosos. Porque habrá hombres amadores de sí mismos, avaros, vanagloriosos, soberbios, blasfemos, desobedientes a los padres, ingratos, impíos, sin afecto natural, implacables, calumniadores, intemperantes, crueles, aborrecedores de lo bueno, traidores, impetuosos, infatuados, amadores de los deleites mas que de Dios, que tendrán apariencia de piedad, pero negarán la eficacia de ella; a éstos evita.*

Esta advertencia anticipada de la degeneración del carácter y la conducta humana incluye el comportamiento que pocas personas aceptan sin pestañear. Los dieciocho defectos morales mencionados anteriormente tratan predominantemente con el amor mal fundado—amor a uno mismo, amor al dinero, y, amor al placer. Aún las personas que profesan salvación—aquellos que *"tendrán apariencia de piedad"*—son propensos a presentar estas conductas.

## Barreras y fronteras están volviéndose borrosas

En la iglesia, los muros que han caído indican el desvanecimiento de las líneas de demarcación—fronteras que existen para un propósito específico de Dios. Basado en el libro de Génesis, allí parecen estar dos líneas de fronteras que Dios guarda inflexiblemente. La primera de éstas es la relación sexual entre ángeles y humanos, lo cual ya lo traté en el capítulo anterior. La segunda de éstas es la barrera entre el hombre y la mujer, la cual en la actualidad ha llegado a estar borrosa y oscurecida. Deuteronomio 22:5, dice: *"No vestirá la mujer traje de hombre, ni el hombre vestirá ropa de mujer; porque abominación es a Jehová tu Dios cualquiera que esto hace".*

La palabra hebrea para *"abominación"*, *toebah*, es la palabra más fuerte para algo que Dios detesta. Aunque esto no significa que Dios tiene preferencia por la moda y los estilos de vestir, significa que debe haber una distinción definitiva entre la apariencia del hombre y de la mujer.

*Dios se opone a la indiferencia de este siglo.*

El idioma llega a estar penosamente generalizado: en vez de "hombre" o "mujer", decimos "persona". En vez de "esposo" o "esposa", decimos "cónyuge". Estas son dos líneas dadas por Microsoft en una guía de programas para escribir y representan la ambigüedad que Dios encuentra reprensible.

## El amor es enfatizado sobre la obediencia

Algunas iglesias que se mueven en las manifestaciones inusuales hacen un énfasis en el amor. Es correcto enfatizar el amor, pero no a costas de la obediencia al Señor. Cualquier amor que no resulte en obediencia no es bíblico. En Juan 14:15, Jesús instruyó a Sus discípulos: *"Si me amáis, guardad mis mandamientos"*. Primera de Juan 5:3, afirma este mandamiento: *"Pues este es el amor de Dios, que guardemos sus mandamientos"*.

El amor a Dios se expresa con la obediencia. De manera similar, el amor de Dios hacia nosotros está expresado en la obediencia. Él corrige a los que ama. Como nuestro Padre, Dios nos disciplina. En Apocalipsis 3:19, Jesús declaró: *"Yo reprendo y castigo a todos los que amo; sé, pues, celoso, y arrepiéntete"*.

Un maestro de Biblia británico señalaba que algunos cristianos confunden "Dios es amor" con su universo, "El amor es Dios". Asumen que todo lo que tenga raíz en el amor, no puede estar equivocado, olvidando que cualquier amor que separe a la persona de Dios o produzca desobediencia a Su Palabra es un amor ilegítimo.

## Profecías de verdades parciales

Como hemos visto, el error puede entrar también en la iglesia por medio de la profecía. Muchas personas erróneamente piensan que deben aceptar toda profecía, por temor a las consecuencias si las rechazan. Sin embargo, esto contradice las enseñanzas del Nuevo Testamento acerca de la profecía. En 1 Corintios 14:29, Pablo dijo: *"Asimismo, los profetas hablen dos o tres, y los demás juzguen"* y en 1 Tesalonicenses 5:19–21, él enseñó: *"No apaguéis al Espíritu. No menospreciéis las profecías. Examinadlo todo; retened lo bueno"*.

**Debemos utilizar la Palabra de Dios para probar las profecías.**

Aunque no vamos a despreciar cualquier manifestación del Espíritu Santo, en verdad debemos probarlo, aceptando solamente lo que es bueno y verdadero. Los profetas permitían que otros los juzgaran a ellos. Si un profeta no se prestaba a ser juzgado, no debía profetizar. Nosotros no debemos creer a los profetas si nos dicen: "Si usted juzga mi mensaje, Dios lo juzgará a usted". Al contrario, debemos temer al juicio de Dios si fallamos en juzgar las profecías, pues Él nos manda a hacerlo así. ¡Los profetas no son dictadores!

¿Qué normas debemos utilizar cuando juzgamos las profecías? Léase Isaías 8:19–20:

*Y si os dijeren: Preguntad a los encantadores y a los adivinos, que susurran hablando, responded: ¿No consultará el pueblo a su Dios? ¿Consultará a los muertos por los vivos? ¡A la ley y al testimonio! Si no dijeren conforme a esto, es porque no les ha amanecido.*

La última pregunta de la prueba de un profeta: "¿Habla él conforme al testimonio de la Palabra de Dios?" Si no es así, no hay claridad en él.

La profecía puede ser engañosa. En Romanos 12:6, Pablo escribió: *"De manera que, teniendo diferentes dones, según la gracia que nos es dada, si el de profecía, úsese conforme a la medida de la fe"*. En otras palabras, los profetas no deben excederse de la medida de la fe cuando profetizan.

Profetizar puede resultar ser una experiencia desbordante de alegría, y, los profetas pueden dejarse llevar, partiendo de lo que ellos recibieron al momento de la Palabra de Dios y del Espíritu Santo.

Por ejemplo: Alguien puede haber recibido una profecía verdadera: "Habrá un gran avivamiento". Pero él se pondrá tan agitado que le agrega: "Y el avivamiento comenzará en nuestra iglesia". La primera parte puede ser verdadera, pero la segunda parte puede ser falsa (y viceversa). ¿Cómo puede suceder esto? Esto ocurre cuando un profeta va más allá de la proporción de fe que Dios le ha dado.

## Una fuente impropia

Una profecía puede ser exacta pero no tiene a Dios como su fuente. Anteriormente leímos una advertencia del Antiguo Testamento a esta posibilidad. Hechos 16 da un ejemplo de una profecía o revelación que no provenía de Dios, a pesar de ser correcta. Pablo y Silas habían llegado a la ciudad de Filipos.

> *Aconteció que mientras íbamos a la oración, nos Salió al encuentro una muchacha que tenía espíritu de adivinación, la cual daba gran ganancia a sus amos, Adivinando. Ésta, siguiendo a Pablo y a nosotros, daba voces, diciendo: Estos hombres son siervos del Dios Altísimo, quienes os anuncian el camino de salvación.* (Hechos 16:16–17)

Toda la palabra que esta muchacha habló era verdad. Además, ella fue la única persona en Filipos en identificar correctamente a Pablo y a Silas en sus funciones de siervos de Cristo. No obstante, este no era el Espíritu de Dios que hablaba por medio de ella; más bien era un espíritu de adivinación.

Y el pasaje continúa: *"Y esto lo hacía por muchos días; mas desagradando a Pablo, éste se volvió y dijo al espíritu: Te mando en el nombre de Jesucristo, que salgas de ella. Y salió en aquella misma hora"* (Hechos 16:18). Desde ese mismo momento, la muchacha ya no pudo adivinar más. Es asombroso cuantas personas practican la adivinación—y cuantas veces dicen la verdad—pero lo que ellos profetizan no proviene de Dios. Una mentira es inevitablemente mezclada con la verdad de sus profecías, pero la verdad actúa como carnada—si la mordemos, tragamos la mentira junto con la verdad.

> *No acepte el destino de Satanás para su vida.*

Una vez oí de una joven cristiana que fue a ver a un adivino. El adivino le dijo: "Pronto quedarás viuda. Tu esposo va a morir". Menos de dos años más tarde, el esposo de la joven murió en un accidente automovilístico. De allí en adelante, le atemorizaba la culpa preguntándose: "¿Abrí yo la puerta para que le sucediera eso a mi esposo cuando fui al adivino?"

Otro ejemplo, más personal. En una ocasión, yo servía como ministro de una iglesia en los Estados Unidos, y mucho de mi tiempo lo pasaba en el ministerio de liberación. Una mujer se acercó a mí y dijo que ella había sido espiritista, pero que se había arrepentido y quería liberación. Yo no estaba seguro de que ella se hubiera arrepentido, por lo que le dije: "No estoy convencido. Regrese cuando realmente esté arrepentida". Ella se fue y regresó una o dos semanas más tarde, diciendo: "Estoy arrepentida". Yo todavía no estaba seguro de la autenticidad de su arrepentimiento, por lo que le dije: "Está bien, oremos". Oramos y hubo un poco de lucha. Después yo necesité descansar. Me recliné contra la tarima del orador en el frente de la iglesia, y de repente, la mujer dijo: "¡Yo lo ví a usted en un carro que chocaba contra un árbol!" ¡Gracias a Dios que yo estaba en guardia! Yo grité en voz alta: "¡Tú, espíritu de adivinación, yo no voy a estar en ningún carro que vaya a chocar contra ningún árbol! ¡Yo no acepto eso!" Yo creo que si he aceptado la visión de la mujer, en realidad eso me hubiera pasado. Ese era el destino que Satanás había planeado para mí, y solamente a medida que usted recibe el destino de Dios para estar abierto a lo que Él diga, usted puede recibir el destino de Satanás por medio de abrirse a lo que él diga. Nunca he chocado un carro contra un árbol. Si hubiera dicho: "¡Eso es terrible! Voy a chocar mi carro", las cosas pudieron haberse vuelto contra mí definitivamente. No acepte el destino de Satanás para su vida, el cual podrá tratar de convencerlo a que acepte ese destino por medio de presentarle las cosas que usted ya sabe son verdaderas.

## El juicio final separará las mezclas

Una parábola acerca del reino de Dios presentada en Mateo 13 habla del fin de este siglo y el juicio venidero sobre las mezclas. Un agricultor sembró semillas de buen trigo en su campo. Por la noche, un enemigo sembró cizaña—o mala hierba que se parece al trigo—entre las semillas de trigo. Cuando la siembra creció, los trabajadores encontraron cizaña creciendo en medio del trigo (Véase Mateo 13:24–30).

Este campo representa a la cristiandad, o al reino de Dios, el cual incluye a personas que llevan frutos apropiados—como el buen trigo—y otros que no llevan fruto—como la cizaña. Los siervos le preguntaron al agricultor si arrancaban la cizaña. *"Él [el agricultor] les dijo: 'No, no sea que al arrancar la cizaña, arranquéis también con ella el trigo'"* (Mateo 13:29).

Esta respuesta indica que las características externas entre el trigo y la cizaña eran insignificantes; cosechas produciendo fruto que a menudo se confunden con la que no produce cualquier fruto. La respuesta del agricultor refleja el plan de Jesús para creyentes y no creyentes al final del siglo: *"Dejad crecer juntamente lo uno y lo otro hasta la siega; y al tiempo de la siega yo diré a los segadores: Recoged primero la cizaña, y atadla en manojos para quemarla; pero recoged el trigo en mi granero"* (Versículo 30).

Una clave que diferencia a esta granja ficticia del reino de Dios es el discernimiento de los segadores. Mientras lo obreros del agricultor encontraron dificultad para distinguir el trigo de la cizaña, los obreros de Dios son los ángeles, quienes, al igual que Dios, no tienen problemas para separar a los verdaderos creyentes de los falsos creyentes.

*Debemos estar seguros que somos trigo, no cizaña.*

Con mucha frecuencia, los cristianos que son alimentados con falsas creencias intentan desalojarlos de la iglesia. No obstante, en vez de eso Dios nos aconseja que tengamos paciencia y dejemos que la cizaña esté presente hasta que sea desarraigada y descartada. Nuestra primera responsabilidad es tener segura una identidad como trigo no como cizaña.

Cuando enseñaba a los estudiantes en África, mi objetivo era minar sus objeciones al Evangelio para ganarlos para Cristo. Una de las objeciones que ellos citaban era la frecuencia de la hipocresía en el cristiano de la iglesia. ¿Podía yo negar esta observación? ¡Por supuesto que no! De hecho, estaría fuera de las Escrituras negarlo, pues el Nuevo Testamento indica que la hipocresía estaba entremezclada con los creyentes en la iglesia. La presencia de hipócritas afirma la verdad del Nuevo Testamento; solamente asegúrese de no estar entre ellos.

## Colocándose en la brecha

En Ezequiel 22:30–31, el Señor cataloga los pecados de los profetas, sacerdotes, príncipes y del pueblo:

*Y busqué entre ellos hombre que hiciese vallado y que se pusiese en la brecha delante de mí, a favor de la tierra, para que yo no la destruyese; y no lo hallé. Por tanto, derramé sobre ellos mi ira; con el ardor de mi ira los consumí.*

Dios vio a un hombre construir un muro—esto, a mi entender, constituye restauración. Él también vio a un hombre colocarse en la brecha del camino—emprender la intercesión. Un muro separa y divide, separando un lugar de otro. Alrededor de la iglesia contemporánea, la mayoría de los muros han sido demolidos; nosotros debemos restaurarlos, y, los intercesores deben colocarse en la brecha del camino.

*La intercesión es una postura entre Dios y el objeto de Su ira.*

La intercesión más que orar es una postura permanente que uno asume entre Dios y el objeto de Su ira. Más que una hora de oración, la intercesión es un estado constante. Abraham fue un modelo intercesor. Cuando el Señor decidió destruir al pueblo de Sodoma, Abraham abogó en su favor; él estaba afirmado en la oración intercesora.

No debemos comprometer las características bíblicas, especialmente porque el juicio empezará en la casa de Dios (Véase 1 Pedro 4:17). Como representantes de Dios, debemos representarlo fielmente y sostener nuestro terreno en asuntos que son importantes para Él.

El antídoto para la mezcla es la verdad—la pura y no diluible Palabra de Dios. En una corte secular, cada testigo debe prometer decir: "la verdad, toda la verdad y nada más que la verdad". ¿Cuánto más nosotros, como cristianos, debemos levantarnos con la verdad?

# La Iglesia verdadera

## es la Novia de Cristo

**L**as mezclas de verdad y mentiras, de bueno y malo, han comenzado infiltrar la iglesia. Somos propensos a ser confundidos y engañados si fallamos en discernir entre las dos iglesias que se oponen en la tierra; la verdadera iglesia y la iglesia falsa.

En 2 Corintios 11:2, Pablo explicó las intenciones de Dios en relación a la verdadera iglesia: *"Porque os celo con celo de Dios; pues os he desposado con un solo esposo* [el Señor Jesús]*, para presentaros como una virgen pura a Cristo"*.

Esta es una asombrosa declaración, considerando los tipos de personas que componían la congregación de la iglesia en Corinto: prostitutas, homosexuales, lesbianas, borrachos, fornicarios, extorsionistas y otros. Pero Pablo se imaginaba una iglesia hecha presentable como una virgen pura para el Señor Jesucristo por medio del poder de la sangre de Jesús y la obra santificadora de Dios. Habiendo fundado la iglesia en Corinto, Pablo afirmó la responsabilidad para desposar la iglesia con Cristo.

De este modo el concepto del desposorio de la iglesia con Cristo es una viva analogía. Alguien que ha hecho un compromiso con Cristo está desposado, pero todavía no casado con Jesús.

Apocalipsis 19:7 presenta un hermoso cuadro de la boda inminente: *"Gocémonos y alegrémonos y démosle gloria; porque han llegado las bodas del Cordero, y su esposa se ha preparado"*. De hecho, todo el cielo—el universo entero—ansioso espera las bodas del Cordero. Dios trata a Su novia—la verdadera iglesia—con amor, bendiciones y abundantes provisiones. Él comparte Su trono con ella por la eternidad. El concepto de un desposorio entre Cristo y la iglesia nos ayuda a entender nuestra propia relación con Él y los atributos propios de la iglesia como Su novia.

## Compromiso

En los días de Pablo, el desposorio era más vínculo que un compromiso como lo conocemos en la cultura contemporánea. Hoy en día, una pareja puede romper su compromiso sin consecuencias catastróficas. Sin embargo, en la cultura bíblica, el desposorio era un compromiso sagrado y solemne, casi un enlace como el matrimonio pero sin consumir la relación marital.

Romper los votos del desposorio era equivalente a romper los votos del matrimonio; constituía adulterio. Cuando una mujer era desposada con un hombre, la ceremonia del matrimonio seguía pronto, uniéndose legalmente como esposo y esposa. La iglesia verdadera está totalmente comprometida con Jesús y Él a ella.

## La preparación de la Novia y los regalos de la dote

La limpieza y purificación prepara a la iglesia para la boda con su novio, Cristo. Apocalipsis 19:8 describe la iglesia preparándose para la boda: *"Y a ella se le ha concedido que se vista de lino fino, limpio y resplandeciente; porque el lino fino es las acciones justas de los santos"*. Ella será adornada con joyas—los dones del Espíritu Santo. Pablo escribió en su primera carta a los corintios:

*Gracias doy a mi Dios siempre por vosotros, por la gracia de Dios que os fue dada en Cristo Jesús; porque en todas las cosas fuisteis enriquecidos en él, en toda palabra y en toda ciencia; así como el testimonio acerca de Cristo ha sido confirmado en vosotros, de tal manera que nada os falta en ningún don, esperando la manifestación de nuestro Señor Jesucristo; el cual también os confirmará hasta el fin, para que seáis irreprensibles en el día de nuestro Señor Jesucristo.* (1 Corintios 1:4–8)

Cuando un hombre se propone casarse con una mujer, simbólicamente le regala un precioso anillo de diamantes. ¿Se puede imaginar usted a una mujer que convenga casarse pero rechaza el anillo? Esta respuesta negaría la perspectiva de un matrimonio.

De la misma manera, la iglesia que rechaza la dotación de los dones espirituales de Jesús probablemente no se convertirá en Su novia. Ella necesita aceptar Sus dones, estar completamente equipada y bellamente adornada para el día de su boda. Isaías 61:10 alaba a Dios por Su obra embellecedora:

*En gran manera me gozaré en Jehová, mi alma se alegrará en mi Dios; porque me vistió con vestiduras de salvación, me rodeó de manto de justicia, como a novio me atavió, y como a novia adornada con sus joyas.*

Aunque algunos cristianos han donado las vestimentas de salvación, ellos todavía no se han puesto la túnica de justicia. Cuando Jesús nos salva, Él nos cubre con esta túnica; si esta perspectiva no nos emociona como un anillo de compromiso lo haría con la joven novia, allí puede estar algo equivocado.

Una vez más, la iglesia se prepara: *"se viste de lino fino, limpio y resplandeciente; porque el lino fino es las acciones justas de los santos"* (Apocalipsis 19:8). El vestido de bodas está tejido de muchos hilos de lino que representan los hechos justos que hemos realizado;

si eso es así, serán necesarios un gran número de hechos justos para confeccionar un vestido entero. Algunas veces me pregunto si algunos de nosotros tendremos suficiente material para tejer un vestido así. Algunos de nosotros podemos quedar cortos de vestido; anticipando el día de la boda nos apresura a modelar un vestido de bodas que nos cubrirá totalmente.

## Anticipación

Otra característica de la iglesia como novia debe ser la alegre anticipación de la llegada de su Novio. Hebreos 9:28, dice: *"Así también Cristo fue ofrecido una sola vez para llevar los pecados de muchos; y aparecerá por segunda vez, sin relación con el pecado, para salvar a los que le esperan"*. La iglesia verdadera está entusiasmada por el regreso de Cristo. Él aparecerá a los que ansiosamente lo esperan. ¿Puede usted imaginarse a una novia moviendo sus dedos o bostezando cuando oye que su novio va en camino?

> *Cristo aparecerá a aquellos que lo esperan ansiosamente.*

Un amigo mío que es predicador una vez observó que cuando Jesús regrese, Él esperará que la iglesia diga algo más que solamente: "Magnífico, has regresado". Tito 2:12–13 nos dice que debemos *"vivir en este siglo sobria, justa y piadosamente, aguardando la esperanza bienaventurada y la manifestación gloriosa de nuestro gran Dios y Salvador Jesucristo"*.

## Sujeción

Como cristianos debemos comprometernos con la verdadera iglesia, sujetándonos a Cristo, su Novio. La relación está sugerida por Pablo en Efesios 5:22–23: *"Las casadas estén sujetas a sus propios maridos, como al Señor; porque el marido es cabeza de la mujer, así como Cristo es cabeza de la iglesia, la cual es su cuerpo, y é les su Salvador".*

Cristo es Cabeza de la iglesia y Su relación con ella es la misma a la de un esposo con su esposa. Así como una esposa fiel se relaciona con su esposo, la iglesia debe relacionarse con su esposo, Jesucristo. Esta relación se caracteriza por el amor, el honor, la sujeción, la fidelidad y el servicio amoroso. Una esposa está sujeta a su esposo; la iglesia se sujeta a Cristo.

En Efesios 5:25–27, Pablo continuó:

*Maridos, amad a vuestras mujeres, así como Cristo amó a la iglesia, y se entregó a sí mismo por ella, para santificarla, habiéndola purificado en el lavamiento del agua por la palabra, a fin de presentarla a sí mismo, una iglesia gloriosa, que no tuviese mancha ni arruga ni cosa semejante, sino que fuese santa y sin mancha.*

Cuando la iglesia se sujeta a Dios, rebosa de Su Gloria y llega a ser bella. Dios traerá santidad a Su iglesia con las aguas limpiadoras de Su Palabra.

El idioma griego tiene dos términos para "palabra": *logos,* que significa palabra escrita, y *rhema,* que significa palabra hablada. La fe viene por el oír el *rhema,* y, por eso la predicación y enseñanza de la Palabra de Dios limpiará a Su iglesia.

## Cristo es la Cabeza de la Iglesia

En Efesios 4:15–16, Pablo utilizó la analogía anatómica para describir nuestra relación con Cristo:

*Sino que siguiendo la verdad en amor, [nosotros] crezcamos en todo en aquello que es la cabeza, esto es Cristo, de quien todo el cuerpo, bien concertado y unido entre sí por todas las coyunturas que se ayudan mutuamente, según la actividad propia de cada miembro, recibe su crecimiento para ir edificándose en amor.*

Todo el cuerpo depende de la cabeza, de la cual obtiene instrucciones para crecer, alimentarse y funcionar efectivamente. Lo mismo es cierto del cuerpo de Cristo, un compañerismo que compromete a todos los creyentes. Una relación débil con la Cabeza priva al cuerpo de Cristo de la vida, la cual le da alimento espiritual y dirección. El engaño debilita esta relación. Pablo advirtió a los creyentes de esto en Colosenses 2:18–19:

*Nadie os prive de vuestro premio, afectando humildad y culto a los ángeles, entremetiéndose en lo que no ha visto, vanamente hinchado por su propia mente carnal, y no asiéndose de la cabeza, en virtud de quien todo el cuerpo, nutriéndose y uniéndose por las coyunturas y ligamentos, crece con el crecimiento que da Dios.*

Cuando cortamos la conexión con la Cabeza, caemos en error, engaño o falsa enseñanza que contradice la verdad de Dios. Los creyentes pueden evitar estos peligros manteniendo una relación correcta con Jesucristo, la Cabeza. No permita que nadie interfiera con su conexión personal con Él.

## Cuatro funciones principales de la cabeza

Jesucristo como nuestra Cabeza tiene cuatro funciones principales que pueden entenderse a la luz de las funciones de una cabeza según ésta se relaciona con el cuerpo.

Primero, una cabeza recibe fuerza, tanto del ambiente externo por la vía de los cinco sentidos, como del sistema interno, tales como los órganos y células que se comunican con los nervios receptores del cerebro. Dios nos oye—Él conoce nuestros pensamientos, nuestras necesidades y nuestros anhelos.

Segundo, la cabeza toma decisiones, diciéndole al cuerpo lo que tiene que hacer. La cabeza tiene capacidad de decisión propia. En Juan 15:16, Jesús le dijo a Sus apóstoles: *"No me elegisteis vosotros a mí, sino que Yo os elegí a vosotros"*. Dios escogió salvarlo a usted; la iniciativa para redimir a la gente no procede del mundo o sus habitantes, sino de Dios. Él escoge a aquellos de nosotros que llevaremos fruto, tal como lo explicó Jesús en Juan 15:16: *"Yo os he puesto para que vayáis y llevéis fruto, y vuestro fruto permanezca; para que todo lo que pidiereis al Padre en mi nombre, él os lo de"*.

*La iniciativa para redimir a la gente del mundo procede de Dios.*

Tercero, la cabeza inicia la acción. El movimiento intencional del cuerpo responde al estímulo enviado por el cerebro. Usted puede establecer cualquier número de programas religiosos en la iglesia, pero si Dios no los inició, no llevarán fruto, mucho menos un fruto duradero.

Cuarto, la cabeza coordina las actividades de las partes del cuerpo, las cuales llevan a cabo las decisiones que la cabeza toma.

## Implicaciones en la vida cristiana

La elección de Dios es decisiva para nuestras vidas como cristianos, y, yo creo que Dios está involucrado en nuestras vidas a tal grado que Él ha ordenado lo que buscamos. Tomemos el matrimonio como ejemplo. Si usted considera casarse, le aconsejo que se case con la persona que Dios eligió. No decida por usted mismo.

Yo he estado dos veces casado; ambas esposas han pasado a la presencia del Señor. Mi primer matrimonio duró treinta años; mi segundo, veinte años. Ambos matrimonios fueron felices y exitosos, pero porque Dios fue el que los arregló. Yo nunca he elegido una esposa. Dios sabía que yo no era suficientemente inteligente para hacer la elección correcta, así que Él intervino y dirigió mi camino.

## Buscando la elección de Dios

Consideremos un ejemplo en el cual los discípulos de Jesús pidieron dirección de Dios en relación a un asunto decisivo del ministerio. Justo antes del día de Pentecostés, los once apóstoles se reunieron en Jerusalén. Uno de los apóstoles originales estaba perdido—Judas Iscariote—y había que tener doce apóstoles, como habrá doce fundamentos y doce puertas en el muro de la Nueva Jerusalén (Véase Apocalipsis 21:12, 14).

Pedro, el líder, sabía que uno estaba perdido, por lo que dijo:

*Es necesario, pues, que de estos hombres que han estado juntos con nosotros todo el tiempo que el Señor Jesús entraba y salía entre nosotros, comenzando desde el bautismo de Juan hasta el día que de entre vosotros fue recibido arriba, uno sea hecho testigo con nosotros, de su resurrección.*

Pedro estableció calificaciones específicas para el doceavo apóstol: él tenía que haber estado presente durante todo el ministerio de Jesús, y, debía haber sido testigo de Jesús desde Su resurrección hasta Su ascensión.

Dos hombres reunían estas calificaciones: *"José, llamado Barsabás, que tenía por sobrenombre, Justo, y a Matías"* (Hechos 1:23). En este punto, los apóstoles echaron suertes; su propio entendimiento no les permitía esperar para más tarde. Deseando la dirección de Dios, ellos no podrían echar suertes, tirar una moneda u organizar "al azar" otro medio objetivo para permitir que la elección de Dios fuera manifestada. Hechos 1:24–26, dice:

*Y orando, dijeron: Tú, Señor, que conoces los corazones de todos, muestra cual de estos dos has escogido, para que tome la parte de este ministerio...Y les echaron suertes, y la suerte cayó sobre Matías; y fue contado con los doce apóstoles.*

Matías fue escogido por Dios como el doceavo apóstol. La elección de Dios expresa su iniciativa y la iniciativa de Dios expresa Su señorío. La iglesia debe arrepentirse de ser presuntuosa, pues al ejercer nuestra propia iniciativa, negamos el señorío de Jesús.

Los creyentes de igual manera buscaron la elección de Dios en Hechos 13:1–2:

*Había entonces en la iglesia que estaba en Antioquía, profetas y maestros: Bernabé, Simón el que se llamaba Niger, Lucio de Cirene, Manaén el que se había criado junto con Herodes el tetrarca, y Saulo. Ministrando éstos al Señor, y ayunando, dijo el Espíritu Santo: Apartadme a Bernabé y a Saulo para la obra a que los he llamado.*

Mientras esperaban la decisión del Señor, estos profetas y maestros ayunaban y adoraban. Con cuanta frecuencia la iglesia se acerca a Dios con su propia agenda en vez de preguntarle: "¿Cuál es Su agenda?" Dios no está allí sólo para sellar o aprobar nuestras propias ideas.

Estos hombres eran apóstoles no por su propia voluntad sino por voluntad de Dios, pues un apóstol es "uno que es enviado". El hecho de enviar supone un remitente, en este caso, Dios comisionó su ministerio y los envió. Sin embargo, es interesante notar que aunque la iniciativa procedió de Dios el Padre por medio de Jesucristo, el Hijo y a través del Espíritu Santo, estos hombres no fueron llamados apóstoles antes de que la iglesia los enviara. Dios no desvía a la iglesia nombrando ministerios.

## Sirviendo y esperando

En 1 Tesalonicenses 1:9–10, Pablo escribió a algunos de los cristianos primitivos acerca del impacto del Evangelio en Tesalónica: *"Porque ellos mismos cuentan de nosotros la manera en que nos recibisteis, y cómo os convertisteis de los ídolos a Dios, para servir al*

*Dios vivo y verdadero, y esperar de los cielos a su Hijo"*. Los cristianos eran responsables de servir y esperar.

Estas dos funciones definen la totalidad de la vida cristiana. El servir no lo es todo; el servir debe también ir acompañado de esperar, o estar quietos (Véase Salmos 46:10).

> *El esperar afirma su fe en la providencia de Dios.*

La Biblia hace más de cincuenta referencias a la necesidad de esperar en Dios o por Dios. La *Nueva Versión Internacional* de la Biblia provee una viva traducción de Isaías 64:4, *"Ni nunca oyeron, ni oídos percibieron, ni ojo ha visto a Dios fuera de ti, que hiciese por el que en él espera"*. Dios actúa a favor de aquellos que esperan confiados. El esperar es una marca de fe; ello afirma su confianza en la providencia de Dios. El esperar también reconoce nuestra dependencia de Dios.

Tengo una fuerte convicción de que la iglesia no irá más allá de su posición hoy hasta que aprenda a esperar en Dios. Yo creo que Jesús volverá por una iglesia que lo espera, y, que en la providencia de Dios, un período de tiempo vendrá cuando dejemos de servir y simplemente esperamos. El servir será completo; todo lo que resta es esperar.

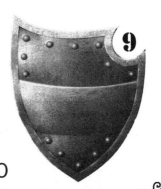

# La iglesia falsa es

# la novia del Anticristo

**C**omo vimos anteriormente, una iglesia falsa surgirá de la iglesia verdadera, llevando a algunos creyentes a desviarse del camino como parte de la agenda de Satanás para el fin del siglo. ¿Cuándo se dividió la iglesia entre lo verdadero y lo falso? Debemos sondear los orígenes del cristianismo—y los orígenes de la historia humana—para descubrir la respuesta.

## Orígenes y atributos de la iglesia falsa

La división entre la iglesia falsa y la iglesia verdadera comenzó con los dos hijos de Adán y Eva, Caín y Abel. En Génesis 4:3–5 se lee:

> Y aconteció andando el tiempo, que Caín trajo del fruto de la tierra una ofrenda a Jehová. Y Abel trajo también de los primogénitos de sus ovejas, de lo más gordo de ellas. Y miró Jehová con agrado a Abel y a su ofrenda; pero no miró con agrado a Caín y a la ofrenda suya.

Abel trajo ante Dios un sacrificio aceptable y a Dios le agradó; Caín trajo un sacrificio no aceptable y resintió la desaprobación de Dios (Véase los versículos 5–7). Consideremos las diferencias entre estos dos hermanos y sus sacrificios, pues cada individuo es seguidor de Abel—la verdadera iglesia—o de Caín—la iglesia falsa.

Ante todo, Abel recibió una revelación divina, como lo indica Hebreos 11:4: *"Por la fe Abel ofreció a Dios mas excelente sacrificio que Caín"*. Su fe evidencia una revelación divina, pues Romanos 10:17 dice que la fe viene por el oír la Palabra de Dios. De alguna manera Abel supo que Dios ordenaba de un sacrificio viviente para ser ofrecido en el altar. Por medio de su sacrificio, Abel reconocía la necesidad de un sacrificio sustituto para la limpieza de su pecado. Caín, por otro lado, rechazó los requerimientos dados por medio de la revelación divina y dio alguna otra cosa en vez de un sacrificio viviente. El sacrificio de Abel ofrecía propiciación por la maldición que Dios le puso a la tierra en Génesis 3:17–18 después que Adán y Eva le desobedecieron; el sacrificio de Caín no sirvió para revocar la maldición, por lo que su sacrificio fue rechazado. La fe de Abel produjo un martirio; la falta de fe de Caín, un asesinato (Véase Génesis 4:8–12). Este contraste único manifiesta la diferencia entre ellos.

*Todo individuo sigue tanto a la verdadera iglesia o a la falsa iglesia.*

La clase de fe de Abel produce la verdadera iglesia, la cual es la novia de Cristo; la falta de fe de Caín produce la falsa iglesia, la cual es la iglesia prostituta y ramera. Apocalipsis 17:6 dice, *"Vi a la mujer ebria de la sangre de los santos, y de la sangre de los mártires de Jesús; y cuando la vi, quedé asombrado con gran asombro"*.

Caín fue un asesino; Abel un mártir. La iglesia falsa asesina a los mártires justos. Estos atributos opuestos caracterizan la falsa iglesia y la verdadera iglesia.

## La iglesia falsa comenzó en el Antiguo Testamento

La falsa iglesia está comparada con Babilonia de la historia del Antiguo Testamento. Esto está señalado en Apocalipsis 17:5: *"Y en su frente un nombre escrito, un misterio:* BABILONIA LA GRANDE, LA MADRE DE LAS RAMERAS Y DE LAS ABOMINACIONES DE LA TIERRA*".* Babilonia tenía varios rasgos distintivos que se parecen a los rasgos de la iglesia falsa. Primero, Babilonia persiguió al verdadero pueblo de Dios y destruyó el reino de Judá.

Segundo, practicó la idolatría y el ocultismo. Isaías 47:12–13 habla de estas prácticas:

*Estate ahora en tus encantamientos y en la multitud de tus hechizos, en los cuales te fatigaste desde tu juventud; quizá podrás mejorarte, quizá te fortalecerás. Te has fatigado en tus muchos consejos. Comparezcan ahora y te defiendan los contempladores de los cielos, los que observan las estrellas, los que cuentan los meses, para pronosticar lo que vendrá sobre ti.*

Jeremías 50:38 también habla de la idolatría de Babilonia: *"Sequedad sobre sus aguas, y se secarán; porque es tierra de ídolos, y entontecen con imagines".* Un ídolo es cualquier cosa que nosotros ponemos en primer lugar en nuestras vidas antes que Dios o que lo consideramos más importante que a Él. En tiempos antiguos Babilonia era la ciudad capital de la idolatría y el ocultismo, y, la falsa iglesia es la Babilonia espiritual.

Apocalipsis 17:2 además describe a la falsa iglesia, *"con la cual han fornicado los reyes de ka tierra, y los moradores de la tierra se han embriagado con el vino de su fornicación".* El capítulo 18 añade que *"los reyes de la tierra han fornicado con ella, y los mercaderes de la tierra se han enriquecido de la potencia de sus deleites"* (Versículo 3). Fornicación en este caso significa la religión falsa o idolatría. La falsa enseñanza lleva a los seguidores—los reyes y los mercaderes ricos—a esta fornicación.

101

### La falsa iglesia se aprovecha del poder político

Mirando más de cerca de la iglesia de Caín—la ramera—uno primero ve que ésta aprovecha el poder político. Desde los tiempos de Constantino, el emperador romano en el siglo cuarto hizo del cristianismo la religión oficial del imperio, el cristianismo ha estado en decadencia. En la Edad Media, el Papa manejó dos espadas—una religiosa y otra política—y la iglesia experimentó un desvío. La iglesia no está llamada a inmiscuirse en el sistema político. Por el contrario, somos llamados a orar por nuestros líderes políticos y a servir en la esfera civil cuando somos llamados por Dios.

> *La iglesia no está llamada a inmiscuirse en el sistema político.*

Apocalipsis 13:1 describe una federación política representada como una bestia: *"Y ví salir del mar una bestia que tenía siete cabezas y diez cuernos; y en sus cuernos diez diademas; y sobre sus cabezas, un nombre blasfemo"*. Apocalipsis 17:3 pinta un cuadro de una iglesia falsa, la ramera:

*Y me llevó [uno de los siete ángeles] en el Espíritu al desierto; y ví a una mujer [la iglesia falsa] sentada sobre una bestia escarlata llena de nombres de blasfemia, que tenía siete cabezas y diez cuernos.*

Esta ilustración muestra claramente la ramera—la iglesia falsa—montando sobre el poder de la bestia—el sistema político.

En Apocalipsis 17:12–13, el ángel explicó:

*Y los diez cuerdos que has visto, son diez reyes, que aún no han recibido reino; pero por una hora recibirán autoridad como reyes juntamente con la bestia. Estos tienen un mismo propósito, y entregarán su poder y su autoridad a la bestia.*

Al final, la misma bestia se somete a la autoridad del Anticristo.

Así como la iglesia verdadera es la novia de Cristo, la iglesia falsa es la novia del Anticristo. La iglesia falsa le sirve a Satanás, dándole todo lo que ella tiene, y, él la trata como cualquiera que se somete a él: él la exprime como a un limón, extrayéndole el jugo y desechando la cáscara.

## La iglesia falsa apunta a la riqueza

Mientras busca ganar poder político y manipular a los líderes del mundo, la iglesia falsa dirige sus esfuerzos primeramente a la riqueza. Esto debería levantar nuestras sospechas, en la medida que cualquier grupo o movimiento apunta específicamente a la abundancia.

Jesús dijo que el Evangelio es predicado a los pobres (Véase, por ejemplo, Mateo 11:5) y aunque esto no excluye a los ricos, donde ellos son el único público, el mensaje probablemente no es motivado por el Espíritu Santo.

La riqueza ha sacado a la gente de la verdadera fe y la ha llevado a la falsa religión o idolatría. Apocalipsis 17:4, lee: *"Y la mujer* [la iglesia falsa] *estaba vestida de púrpura y escarlata, y adornada de oro, de piedras preciosas y de perlas, y tenía en la mano un cáliz de oro lleno de abominaciones y de la inmundicia de su fornicación"*. Con su *"cáliz de oro"* o fastuosa riqueza y extravagantes ostentaciones, la iglesia falsa ha seducido multitudes y las ha sacado de la verdadera iglesia.

La iglesia falsa recurre al alma, no al espíritu. Apocalipsis 18:11–13 da una descripción más detallada de la seducción extravagante de la falsa iglesia:

*Y los mercaderes de la tierra lloran y hacen lamentación sobre ella* [en su destrucción], *porque ninguno compra mas sus mercaderías; mercadería de oro, de plata, de piedras preciosas, de perlas, de lino fino, de púrpura, de seda, de escarlata, de toda madera olorosa, de todo objeto de marfil, de todo objeto de madera preciosa, de cobre, de hierro y de mármol; y canela, especias aromáticas, incienso, mirra, olíbano, vino, aceite, flor de harina, trigo, bestias, ovejas, caballos y carros, y esclavos, almas de hombres.* (Apocalipsis 18:11–13)

## La iglesia falsa es una ramera, una novia infiel

Repito, el concepto de desposorio provee una adecuada ilustración de la divergencia de la falsa iglesia con la verdadera. Mientras la verdadera iglesia permanece fiel a sus votos del desposorio, la iglesia falsa es infiel, rompiendo sus votos y convirtiéndose en una prostituta, una ramera inmoral.

Pablo explicó como los cristianos rompen sus compromisos con Cristo: *"Pero temo como la serpiente con su astucia engañó a Eva, vuestros sentidos sean de alguna manera extraviados de la sincera fidelidad a Cristo"* (2 Corintios 11:3). Los creyentes rompen sus esponsales cuando sus mentes se corrompen.

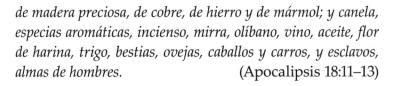

*La iglesia falsa recurre al alma, no al espíritu.*

La corrupción viene cuando complican la simplicidad del Evangelio y lo aplican mal. El mensaje del Evangelio es sencillo. Contiene hechos históricos establecidos brevemente en 1 Corintios 15:3–4: *"Cristo murió por nuestros pecados, conforme a las Escrituras; y que fue sepultado, y que resucitó al tercer día, conforme a las Escrituras"*.

Las verdades esenciales del Evangelio son tan sencillas que un niño de seis años las puede entender; un niño de seis años a menudo entiende mejor que uno de veinte—o de treinta años. Sea cauteloso cuando la persona evoca a los psiquiatras, los filósofos o científicos para apoyar la validez de la Biblia; a diferencia de otras religiones, como el budismo, hinduismo e islam, el cristianismo está atado a la historia humana.

La iglesia falsa está impulsada por la enseñanza de falsos maestros, como aquellos que llegaron a varias iglesias después que Pablo ministró allí, y quienes les agregaban restricciones legales y elementos complejos para el evangelio. Pablo en 2 Corintios 11:4 advirtió de estos maestros, diciendo:

*Porque si viene alguno predicando a otro Jesús que el que os hemos predicado, o si recibís otro espíritu que el que habéis recibido, u otro evangelio que el que habéis aceptado, bien lo toleráis.*

La progresión de estas frases— *"otro Jesús"*, *"otro espíritu"*, y, *"otro evangelio"*—es significativa. Ellas se centran en Jesús, quien dijo: *"Yo soy... la verdad"* (Juan 14:6). Cuando usted altera atributos de Jesús e históricamente presenta un cuadro inexacto de Cristo, usted crea un espíritu diferente que resulta en otro evangelio.

*Los creyentes rompen sus esponsales con Cristo cuando sus mentes se corrompen.*

Pablo amonesta a los gálatas:

*Estoy maravillado de que tan pronto os hayáis alejado del que os llamó por la gracia de Cristo, para seguir un evangelio diferente. No que haya otro, sino que hay algunos que os perturban y quieren pervertir el evangelio de Cristo. Mas si aun nosotros, o un ángel del cielo, os anunciare otro evangelio diferente del que os hemos anunciado, sea anatema.* (Gálatas 1:6–8)

La palabra *"anatema"* viene de una palabra griega que también empleamos en español, *"maldito"*. No hay una palabra más fuerte para describir aquello que Dios condena y rechaza completamente. Si nosotros recibimos otro evangelio que no sea el Evangelio del Nuevo Testamento, estamos malditos, a menos que nos arrepintamos.

## La iglesia falsa sigue una falsa versión de Cristo Jesús

Hoy parecen prevalecer tres versiones falsas de Cristo Jesús. El primero lo proyecta como una especie de gurú oriental. El Movimiento de la Nueva Era, en particular, ve a Jesús de esta manera.

La segunda versión de Jesús, promovido especialmente en América del Sur, lo proyecta como un marxista revolucionario. Este punto de vista, conocido como Teología de la Liberación, enseña que los cristianos ante todo deben alimentar a los pobres, eliminar la riqueza, demandar justicia social y establecer un nuevo orden político, olvidando que Jesús hizo alguna de estas cosas como Su principal objetivo.

*Demandar justicia social en el nombre de Jesús no está en las Escrituras.*

A pesar de Su gran compasión por los pobres y desafortunados, Jesús nunca visualizó el uso de la fuerza para establecer un nuevo orden social. Cuando fue arrestado después de que Judas lo traicionara, Jesús dijo: *"Mi reino no es de este mundo; si mi reino fuera de este mundo, mis servidores pelearan"* (Juan 18:36). Demandar justicia social y cambios políticos en nombre de Jesús contradice las enseñanzas de las Escrituras.

La tercera versión de Jesús es aquella universal de un Papá Noel: un tipo alegre, benigno que anda dando palmaditas a las personas diciendo: "Mira, mira, no importa. Esto funcionará; no se preocupen". Este retrato falso de Jesús es provisto por las iglesias liberales, donde el juicio de Dios acerca del pecado casi ni se menciona.

## Reconociendo a la falsa iglesia

Primera de Timoteo 4:1 advierte del engaño próximo a este siglo: *"Pero el Espíritu* [el Espíritu Santo] *dice claramente que en los postreros tiempos algunos apostarán de la fe, escuchando a espíritus engañadores y a doctrinas de demonios".* Usted no puede apartarse de la fe si nunca estuvo en la fe, por lo que este pasaje tiene autoridad particular.

En él se dice que los que han creído el Evangelio y recibido a Jesucristo serán desviados, siguiendo a demonios engañadores y falsas enseñanzas.

Las falsas enseñanzas obstaculizan la expansión del verdadero Evangelio y donde el verdadero Evangelio es predicado, *"os entregarán a tribulación, y os matarán, y seréis aborrecidos de todas las gentes por causa de mi nombre. Muchos tropezarán entonces, y se entregarán unos a otros, y unos a otros se aborrecerán"* (Mateo 24:9–10). Este efecto ha sido una realidad por mucho tiempo. Jesús aconsejaba: *"Y muchos falsos profetas se levantarán, y engañarán a muchos; y por haberse multiplicado la maldad, el amor de muchos se enfriará. Más el que persevere hasta el fin, será salvo"* (Versículos 11–13).

**Para permanecer salvo, usted debe resistir.**

Como cristianos, se nos promete persecución, traición, oposición, surgimiento de engaños y desorden. Si usted resiste todo esto, será salvo. Esta declaración no invalida su salvación si usted ya la tiene asegurada, pero significa que para que usted debe permanezca salvo, usted debe resistir.

¿Qué indicará que este siglo esté llegando a su fin? Mateo 24:14 proporciona la respuesta: *"Y sea predicado este evangelio del reino en todo el mundo, para testimonio a todas las naciones; y entonces vendrá el fin".* Al enfrentarse a una gran oposición y riesgo, las buenas nuevas serán expandidas por todo el mundo y una raza especial de cristianos sobrevivirá a la oposición. Ellos resistirán a la falsa iglesia.

## El juicio que viene sobre la iglesia falsa

Ni Babilonia ni la iglesia falsa escapará al juicio de Dios. Apocalipsis 18:8–10 predice la retribución futura:

*Por lo cual en un solo día vendrán sus plagas; muerte, llanto y hambre, y será quemada con fuego; porque poderoso es Dios el Señor, que la juzga. Y los reyes de la tierra que han fornicado con ella, y con ella han vivido en deleites, llorarán y harán lamentación con ella, cuando vean el humo de su incendio, parándose lejos por el temor de su tormento, diciendo: ¡Ay, ay, de la gran ciudad de Babilonia, la ciudad fuerte; porque en una hora vino juicio!*

Dios juzgará a la falsa iglesia en un rápido acto de finalidad y totalidad. Los cristianos deben discernir entre la verdadera iglesia de la falsa para separarse de esta última y de la ira que ella recibirá, como dice Apocalipsis 18:4: *"Y oí otra voz del cielo, que decía: 'Salid de ella, pueblo mío, para que no seáis partícipes de sus pecados, ni recibáis parte de sus plagas'"*. Debemos separarnos de este falso sistema religioso.

Segunda de Timoteo habla en detalles acerca de la necesidad de separarnos de los malhechores:

*Pero el fundamento de Dios está firme, teniendo este sello: Conoce el Señor a los que son suyos; y: Apártese de iniquidad todo aquel que invoca el nombre de Cristo. Pero en una casa grande, no solamente hay utensilios de oro y de plata, sino también de madera y de barro; y unos son para usos honrosos, y otros para usos viles.* (2 Timoteo 2:19–20)

Una "casa grande" tal como lo es la iglesia, contiene vasijas para honra y deshonra. ¿Cuál tipo de vasija somos nosotros? Si aspiramos a ser vasijas de honor, debemos prestar atención a este pasaje:

*Así que, si alguno se limpia de estas cosas [vasijas de deshonor], será instrumento para honra, santificado, útil al Señor, y dispuesto para toda buena obra. Huye también de las pasiones juveniles, y sigue la justicia, la fe, el amor y la paz, con los que de corazón limpio invocan al Señor.*     (2 Timoteo 2:21–22)

Si deseamos seguir la justicia, la fe, la paz y el amor, debemos estar con aquellos que claman al Señor con corazón puro.

# RECONOZCA

## Y RESISTA

### AL ANTICRISTO

L a verdadera iglesia es la novia del verdadero Cristo; la falsa iglesia se va a casar con el falso cristo, o el Anticristo. En el Antiguo Testamento, la palabra para Cristo es "Mesías" (Daniel 9:25–26)—*Mashiach,* en hebreo. No solamente existe el verdadero Mesías, Jesucristo, sino que también existen los falsos mesías.

Una advertencia para los creyentes aparece en 1 Juan 2:18: *"Hijitos, es la ultima hora* [el último período de este siglo]; *y así como oísteis que el Anticristo viene, también ahora han surgido muchos anticristos; por eso sabemos que es la última hora".* La palabra *"anticristo"* comprende de dos partes—Cristo, que ya los discutimos, y anti, que en griego significa tanto "contra" como "en lugar de". Estos significados describen el blanco del Anticristo: oponerse al verdadero Cristo y usurpar Su lugar. Al final de este siglo, aparecerán muchos anticristos y trabajarán para oponerse a Cristo, tratando de reemplazarlo.

La rebelión humana alcanzará la cima antes que el Anticristo llegue; a como lo documenta Daniel 8:23: *"Y al final de su reinado, cuando los transgresores se acaben, se levantará un rey, insolente y hábil en intrigas".* La mayoría de los comentaristas bíblicos concuerdan que el Anticristo es idéntico a este *"rey",* un rey que vendrá una vez que la rebeldía haya alcanzado su cúspide.

## Características del Anticristo

Por tanto, el final del siglo introducirá al Anticristo–un individuo malévolo específico—como también a muchos anticristos, falsos espíritus y falsos profetas. Los falsos profetas hablan con falsos espíritus—espíritus que niegan la identidad de Jesús como Mesías. Se nos instruye por medio de 1 Juan 4:1 a probar los espíritus para saber qué profecías y revelaciones podemos creer. El versículo 2 explica: *"En esto conoceréis el Espíritu de Dios: todo espíritu que confiesa que Jesucristo ha venido en carne, es de Dios"*. Si una doctrina no reconoce que Jesús el Mesías ha venido en carne, eso constituye una falsa doctrina. El versículo 3 continúa: *"Y todo espíritu que no confiesa a Jesús, no es de Dios; y éste es el espíritu del anticristo, del cual habéis oído que viene, y que ahora ya está en el mundo"*.

> *La falsa doctrina niega que Jesucristo vino en carne.*

### Los anticristos se originarán en la iglesia

¿Qué marcas distintivas caracterizarán el espíritu del anticristo, que acompañará al Anticristo y ganará a la gente para su lado? Se encontró una respuesta en 1 Juan 2:19:

*Salieron [anticristos] de nosotros, pero no eran de nosotros; porque si hubiesen sido de nosotros, habrían permanecido con nosotros; pero salieron para que se manifestase que no todos son de nosotros.*

Este pasaje indica que una marca distintiva del espíritu del anticristo es que tiene su origen en el pueblo caído de Dios. No tiene su origen en el paganismo—que adora ídolos y falsos dioses— porque para oponerse a Dios necesita tener conocimiento de Él, y, las religiones paganas son por definición, ignorantes de Dios.

El espíritu del anticristo sólo puede operar donde Cristo ha sido proclamado. Este espíritu es la última esperanza de Satanás, su intento final para frustrar los propósitos de Dios.

## El Anticristo niega al Mesías

El segundo indicador del espíritu del anticristo aparece en 1 Juan 2:22: *"¿Quién es el mentiroso, sino el que niega que Jesús es el Cristo* [Mesías]?" El espíritu del anticristo, aunque consciente de que Jesús viene, niega Su afirmación de ser el Mesías. El versículo anterior también incluye el tercer indicador: *"Este es el anticristo, el que niega al Padre y al Hijo".* El espíritu del anticristo rechaza las personas bíblicamente reveladas de la Deidad: el Padre y el Hijo.

## El Anticristo lleva a las personas a la apostasía

En 2 Tesalonicenses 2:1–4, Pablo dio una idea del Anticristo y el fin del siglo:

> *Pero con respecto a la venida de nuestro Señor Jesucristo, y nuestra reunión con él, os rogamos hermanos, que no os dejéis mover fácilmente de vuestro modo de pensar, ni os conturbéis, ni por espíritu, ni por palabra, ni por carta como si fuera nuestra, en el sentido de que el día del Señor está cerca. Nadie os engañe en ninguna manera; porque no vendrá sin que antes venga la apostasía, y se manifieste el hombre de pecado, el hijo de perdición, el cual se opone y se levanta contra todo lo que se llama Dios o es objeto de culto; tanto que se sienta en el templo de Dios como Dios, haciéndose pasar por Dios.*

En los días de Pablo, la gente ya hablaba del día del Señor; por ende, preste atención a las Escrituras y no le crea a la gente que le diga que el día del Señor ya ha venido. El día del Señor no llegará, dijo Pablo, hasta *"que antes venga la apostasía".* Esto significa un deliberado rechazo de la verdad revelada. Esta apostasía, claramente, debe ocurrir donde la verdad ya ha sido revelada: en la iglesia.

Yo creo que la apostasía ya empezó. La iglesia parece haber empezado a desviarse de las verdades básicas de la fe cristiana afirmada por el Credo de los Apóstoles: que Jesús es el Hijo de Dios, que fue concebido de una virgen, que Su vida fue sin pecado, que sufrió una muerte expiatoria, que fue sepultado y se levantó de entre los muertos tres días después y que vendrá otra vez con poder y gloria para juzgar a los vivos y a los muertos.

> *El día del Señor no llegará sin que antes venga la apostasía.*

A través de los siglos la iglesia ha afirmado estos dogmas centrales. No obstante, en las décadas pasadas, los líderes de la iglesia profesante pública-mente han renunciado a estas verda-des. Por ejemplo: Yo tengo la impresión de que muchos pastores, sacerdotes y otros líderes eclesiales no creen que Jesús haya resucitado físicamente de la muerte. Aún en las iglesias que no nie-gan públicamente la verdad canonizada, puede haber líderes que encubren secreto escepticismo aumentando la apostasía.

Otras iglesias y religiones toman un aproximado y relativo aumento, abogando por una religión universal que incorpore componentes de cada religión. Algunas personas favorecen la combinación de las tres religiones monoteístas—el cristianismo, el islam y el judaísmo. Esto sería conveniente, excepto por lo que dijo Jesús: *"Yo soy el camino, y la verdad, y la vida; nadie viene al Padre, sino por mí"* (Juan 14:6). Esta afirmación—de que Jesús es el medio exclusivo para la salvación—ofende a muchas personas hoy.

## La bestia salvaje contra el Cordero de Dios

El Anticristo es conocido con tres títulos adicionales: *"hombre de pecado", "hijo de perdición"* y *"la bestia".* En el Nuevo Testamento *"hijo de perdición"* también se refiere a Judas Iscariote, el discípulo de Jesús que lo traicionó (Véase Juan 17:12). Como sinónimo de *"hombre de pecado"*, la *Nueva Versión Internacional* llama al Anticristo *"malvado"* (Véase 2 Tesalonicenses 2:8–9).

El libro de Apocalipsis hace un contraste deliberado entre la bestia y el Cordero. El mundo debe escoger entre los dos, una elección recordatoria de uno cuyas consecuencias fueron decisivas eternamente: cuando Pilato invitó a la multitud a elegir a Jesús o a Barrabás para liberarlo. Presentado junto con Jesús, el apacible Cordero, y, Barrabás, el violento criminal, el pueblo eligió a Barrabás. Y la historia se repetirá. Confrontado con una elección entre Jesús, el Cordero, y, el Anticristo (la bestia), la vasta mayoría de la raza humana elegirá a la bestia.

Como la antítesis de una bestia, un cordero representa pureza, mansedumbre, tranquilidad. Si queremos cultivar la "naturaleza del Cordero", moldeándonos al ejemplo de Jesús, debemos estar preparados para sufrir y dar nuestras vidas. Si no estamos preparados para hacerlo—si tenemos cosas almadas y egoístas en el corazón—nosotros somos moldeamos como la bestia.

En Juan 5:43 Jesús habló a los judíos, diciendo: *"Yo he venido en nombre de mi Padre y no me recibís; si otro viene en su propio nombre, a ese recibiréis"*. La enciclopedia judía registra por lo menos cuarenta falsos mesías que han surgido desde los tiempos de Jesús y que han atraído a un significativo número de seguidores

> *Un cordero representa pureza. Mansedumbre, y una vida tranquila.*

entre el pueblo judío. Estos incluyen a Bar Kochba, quien dirigió la última revuelta contra Roma en el primer siglo D. C., y, a Moisés de Creta, quien condujo varios miles de seguidores hacia el océano, convencido de que se encontrarían con el mesías—todos perecieron. En el siglo diecisiete, Sabbatai Zevi reafirmó ser el mesías y dirigió un movimiento de judíos de regreso a su patria. Cuando su búsqueda fracasó, él se convirtió al islam.

Así que, la profecía de Jesús ya se ha cumplido, está siendo cumplida y continuará hasta que se cumpla totalmente: hasta que Él regrese, las personas aceptarán falsos cristos que vienen en nombre propio.

## La marca del Anticristo

El libro de Apocalipsis predice que cuando el Anticristo venga, establecerá un régimen por medio del cual dominará a la humanidad.

*Y hace que a todos, pequeños y grandes, ricos y pobres, libres y esclavos, se les de una marca en la mano derecha o en la frente, y que nadie pueda comprar ni vender, sino el que tenga la marca: el nombre de la bestia o el número de su nombre. Aquí hay sabiduría. El que tiene entendimiento, que calcule el número de la bestia, porque el número es el de un hombre, y su número es seiscientos sesenta y seis.*

(Apocalipsis 13:16–18)

*Debemos estar preparados para sufrir y dar nuestras vidas.*

Este régimen concederá favores a aquellos que se sometan al Anticristo, dándoles acceso a suplir las necesidades básicas de la vida solamente; a aquellos sin la marca para probar sometimiento se les prohibirá hacer compras generales, comprar alimentos y otros artículos.

Aquellos que se sometan al Anticristo serán identificados por medio de tres cosas: una marca, su nombre o su número.

En el idioma hebreo, cada letra del alfabeto tiene un valor numérico correspondiente. Mientras no conozcamos el nombre específico del Anticristo, no sabemos ese valor numérico de su nombre que es 666. Puede ser que el Anticristo ya haya nacido.

# El Anticristo es el co-conspirador de Satanás

Apocalipsis 13:1–4 describe una visión del futuro en relación al Anticristo:

*Vi subir del mar una bestia que tenía siete cabezas y diez cuernos; y en sus cuernos diez diademas; y sobre sus cabezas, un nombre blasfemo. Y la bestia que vi era semejante a un leopardo, y sus pies como de oso, y su boca como boca de león. Y el dragón le dio su poder y su trono, y grande autoridad. Vi una de sus cabezas como herida de muerte, pero su herida mortal fue sanada; y se maravilló toda la tierra en pos de la bestia, y adoraron al dragón que había dado autoridad a la bestia, y adoraron a la bestia, diciendo: ¿Quién como la bestia, y quien podrá luchar contra ella?*

La *"bestia"* es otro término para nombrar al Anticristo, es un formidable opositor—uno que tiene a los gobiernos bajo su control y poderosos armamentos a su disposición. ¿Quién es este *"dragón"* que concede autoridad a la bestia, o al Anticristo? Es Satanás, como lo afirma Apocalipsis 12:9: *"Y fue lanzado fuera el gran dragón, la serpiente Antigua, que se llama Diablo y Satanás, el cual engaña al mundo entero; fue arrojado a la tierra, y sus ángeles fueron arrojados con él"*.

La palabra *"diablo"* significa "calumniador"; la palabra *"Satanás"* significa "adversario". Siempre anhelando la adoración de los humanos, Satanás se convierte en adversario de Dios, aspirando a igualarse con Él y cayendo del cielo como resultado. Satanás quiere rivalizar con Dios por medio de buscar la adoración humana, la cual consigue a través de la idolatría. Para lograr su ambición, quiso hacer un trato con Jesús, algo que él intentó hacer en Lucas 4:5–8:

> *Satanás busca la adoración humana por medio de la idolatría.*

*Y le llevó el Diablo a [Jesús] un alto monte, y le mostró en un momento todos los reinos de la tierra. Y le dijo el Diablo: a ti te daré toda esta potestad, y la gloria de ellos; porque a mí me ha sido entregada, y a quien quiero la doy. Si tú postrado me adorares, todos serán tuyos. Respondiendo Jesús, le dijo: Vete de mí, Satanás, porque escrito está: al Señor tu Dios adorarás, y a él solo servirás.*

El verdadero Cristo rechazó este trato propuesto por Satanás; el Anticristo lo aceptará. Él se someterá a Satanás para obtener dominio sobre toda la raza humana. Cuando él obtenga esta autoridad, recibirá adoración, como lo hará aquel a quien él le ha dado poder—Satanás.

## El papel del engaño

Para ganar adoradores hacia sí, Satanás utiliza el engaño. El engaño es algo a lo cual todos son susceptibles; nadie debe asumir, ya sea varón o mujer, que es inmune a ello. Como ya lo hemos visto, aquellos que resistan el engaño—y los sufrimientos infligidos por Satanás—recibirán vida eterna. Presiones adversas lo tentarán a usted a apartarse de la fe: *"Mas el que persevere hasta el fin; éste será salvo"* (Mateo 24:13).

En un sentido, el diablo demuestra ser útil a los propósitos de Dios: Dios utilizará la persecución del diablo hacia los cristianos para eliminar a los individuos no comprometidos para que el que está verdaderamente comprometido permanezca. Como novia de Cristo, la iglesia debe ser gloriosa, santa, sin mancha y sin arrugas. Tremenda oposición probará y purificará a la iglesia para prepararla para el día de su boda, para la unión con su Novio.

## El papel del orgullo

Satanás también utiliza el orgullo para ganar adoración. Específicamente, el movimiento conocido como humanismo juega un papel útil en cultivar la confianza en la habilidad y talento humanos. El lema del humanismo es: "El hombre es la medida de todas las cosas". Negando una deidad omnipotente, este movimiento deifica al hombre y lo convierte en la máxima criatura con ilimitada capacidad para el conocimiento.

El humanismo lleva la oleada del movimiento de la Nueva Era, que niega todos los absolutos y adopta todas las filosofías y sistemas de pensamiento bajo una sombrilla de relativismo. Este movimiento rechaza la piedra angular en la cual la Biblia—y toda verdad—está fundada: *"En el principio creó Dios los cielos y la tierra"* (Génesis 1:1). Dios fue el principio, no el hombre; Él es la medida de todas las cosas, no el hombre.

Un punto final acerca del engaño de Satanás viene de Apocalipsis 16:13: *"Y vi salir de la boca del dragón, y de la boca de la bestia, y de la boca del falso profeta, tres espíritus inmundos a manera de ranas"*. Aquí encontramos una trinidad satánica que se opone a la Santa Trinidad: el dragón (contra Dios el Padre), la bestia (contra Jesucristo, el Hijo), y, el falso profeta (contra el Espíritu Santo). Como imitación de Dios, Satanás jamás podrá crear nada; él es totalmente incapaz de producir nada original. Sin embargo, él puede corromper y distorsionar la creación de Dios, por eso constituye su propia trinidad del dragón, la bestia y el falso profeta. La trinidad impía corrompe a la iglesia de Dios para hacer una versión falsa: la falsa iglesia, o la ramera.

# LA CEGUERA

## ESPIRITUAL

## GENERA ENGAÑO

**E**n el Nuevo Testamento, casi todo pasaje que pertenece al final del siglo incluye alguna clase de advertencia contra ser engañados.

En Mateo 24:4–6, Jesús advirtió:

*Mirad que nadie os engañe. Porque vendrán muchos en mi nombre, diciendo: Yo soy el Cristo; y a muchos engañarán. Y oiréis de guerras y rumores de guerra; mirad que no os turbéis, porque es necesario que todo esto acontezca; pero aún no es el fin.*

Y en el versículo 24 agregó: *"Porque se levantarán falsos cristos y falsos profetas, y harán grandes señales y prodigios, de tal manera que engañarán, si fuere posible, a los escogidos".*

Los *"escogidos"* o los elegidos de Dios no están inmunes al engaño. Para evitar ser engañados debemos tener la capacidad de identificar la verdad. Poncio Pilato interrogaba a Jesús antes de Su crucifixión, Jesús le dijo: *"Yo para esto he venido al mundo, para dar testimonio a la verdad. Todo aquel que es de la verdad, oye mi voz"* (Juan 18:37). Pilato le respondió con una pregunta que los filósofos se han estado preguntando—sin hallar una respuesta satisfactoria—durante dos mil quinientos años: *"¿Qué es la verdad?"* (Versículo 38).

La única respuesta satisfactoria a esta pregunta se encuentra en la Biblia. No obstante, la respuesta no es completamente sencilla, pues la Biblia presenta la verdad en tres facetas. Para asegurarnos que tenemos la verdad, debemos revisar cada una de estas facetas—que yo llamo "coordenadas de la verdad". Estas tres coordenadas deben alinearse para confirmar la verdad.

## Las coordenadas de la verdad

En Juan 14:6 Jesús dijo: *"Yo soy el camino, y la verdad, y la vida"*. Jesús es la verdad. Pero en Juan 17:17, Jesús oró al Padre, diciendo: *"Tu palabra es verdad"*. La Palabra de Dios—la Biblia—también es la verdad. Finalmente, en 1 Juan 5:6, Juan escribió: *"Y el Espíritu es el que da testimonio* [de Jesucristo] *porque el Espíritu es verdad"*. También el Espíritu es verdad. La verdad es Jesús; la verdad es la Biblia; y, la verdad es el Espíritu.

*Jesús, la Palabra de Dios, y, el Espíritu son verdad.*

Por tanto, para estar seguro que usted está tratando con la verdad, debe hacerse tres preguntas. ¿Es Jesús verdad? ¿Es verdad la Biblia? ¿Tiene ella el testimonio del Espíritu Santo? Si estas preguntas son contestadas afirmativamente, usted puede estar seguro de tener la verdad.

## Cómo el engaño desplaza a la verdad

Echemos de nuevo un vistazo a las advertencias de Pablo en relación al engaño:

*Pero temo que como la serpiente con su astucia engañó a Eva, vuestros sentidos sean de alguna manera extraviados de la sincera fidelidad a Cristo. Porque si viene alguno predicando a otro Jesús que el que os hemos predicado, o si recibís otro espíritu que el que habéis aceptado, bien lo toleráis.*

(2 Corintios 11:3–4)

¡Cuán rápidamente perdemos nuestro aferro a la verdad, permitiendo *"tolerar"* la falsa doctrina! Anteriormente escribí que Satanás utiliza el engaño y el orgullo para granjearse la adoración de las personas. De igual manera, yo creo que el orgullo es la primera puerta por donde cruza el engaño para tomar nuestras vidas y descarriarnos.

## Orgullo y engaño

El orgullo nos hace susceptibles a las trampas del engaño. El modelo fue establecido por Lucifer, quien habiendo sido el más bello y sabio de los ángeles, antes de que el orgullo lo convirtiera en rebelde, precipitando su caída de la gracia. Si el orgullo es capaz de destruir a un arcángel del cielo, cuanto más será capaz de destruirnos a nosotros que decimos: "¡Eso nunca me pasará a mí!" Cuando Satanás quiere engañarnos, él apela a una debilidad segura: nuestro orgullo.

Es asombroso ver cuántas sectas hacen la misma apelación al orgullo. *Los Hijos Manifestados*, un movimiento mencionado anteriormente, enseñaban que las personas podían lograr la inmortalidad por medio de hacer las cosas correctamente. Sin embargo e indirectamente, los mormones enseñan esto, así como los francmasones. Estas enseñanzas pueden rastrearse hasta "la mentira", la cual Satanás le dijo a la raza humana cuando le prometió a Eva que comiendo del fruto, *"seréis como Dios"* (Génesis 3:5).

Dios adrede elige a aquellos que no tienen orgullo para recibir Su salvación y entender Su verdad, como lo asegura en 1 Corintios 1:26–29:

*Pues mirad, hermanos, vuestra vocación, que no sois muchos sabios según la carne, ni muchos poderosos, ni muchos nobles;*

*sino que lo necio del mundo escogió Dios, para avergonzar a*
*los sabios; y lo débil del mundo escogió Dios, para avergonzar*
*a lo fuerte; y lo vil del mundo y lo menospreciado escogió Dios,*
*y lo que no es, para deshacer lo que es, a fin de que nadie se*
*jacte en Su presencia.*

Dios planea eliminar el orgullo. Él ha escogido las cosas ton-
tas, las cosas débiles, lo bajo las cosas más humildes, y las cosas
que no son (o son nada), para que ninguno pueda jactarse o decir:
"Dios me escogió porque soy el más inteligente, el más fuerte y el
más sabio. Él me necesita".

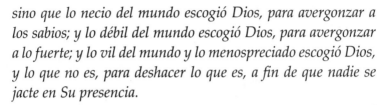

*Dios ha*
*escogido lo*
*bajo y las cosas*
*más humildes*
*para que nadie*
*se jacte.*

No cometa el mismo error que yo
cometí cuando era un joven creyente.
Como lo mencioné anteriormente,
cuando fui salvo, yo estaba de servicio en el ejército británico durante la
Segunda Guerra Mundial. También era
miembro de la King's College, Cam-
bridge. Tenía un distinguido registro
académico a mis espaldas y un brillante futuro por delante. Mi actitud
era engreída y orgullosa. Yo pensaba
que Dios era afortunado al tenerme. No obstante, mientras más
aprendía de mí mismo, más revisaba esa opinión hasta que pude
decir: "¡Yo no puedo pensar por que Dios me escogió!"

Debemos evitar a cualquiera que promete que seremos "cristianos superiores" sólo con unirnos a un grupo o movimiento,
porque de seguro ellos apelarán a nuestro orgullo y rechazarán
las enseñanzas de Jesús.

## Engaño y santurronería

Mano a mano con el orgullo está otra actitud que causa
ceguera espiritual: la santurronería. En Romanos, Pablo escribió:

*Hermanos, ciertamente el anhelo de mi corazón, y mi oración a Dios por Israel, es para salvación. Porque yo les doy testimonio de que tienen celo de Dios, pero no conforme a ciencia. Porque ignorando la justicia de Dios, y procurando establecer la suya propia, no se han sujetado a la justicias de Dios.*

(Romanos 10:1–3)

La definición bíblica de santurronería está intentando establecer su propia rectitud en vez de confiar en la rectitud que Dios provee. Pablo continuó: *"Porque el fin de la ley es Cristo, para justicia a todo aquel que cree"* (Versículo 4). Cuando este libro y los pasajes de las Escrituras mencionan aquí la "ley", se refieren al código de la ley establecida por medio de la revelación de Dios para dirigir a Su pueblo en su adoración, su relación con Él, y, sus relaciones sociales con los demás. Conteniendo muchos mandamientos específicos y normas, esta ley fue dada en el Antiguo Testamento.

La venida de Cristo en el Nuevo Testamento terminó con la ley como un medio para lograr rectitud con Dios. Su muerte en la cruz volvió a la ley inefectiva eternamente como un medio para ser justo ante Dios. Nadie—ni judíos, ni gentiles, católicos o protestantes—pueden lograr justicia por cumplir la ley. Yo creo que pocos cristianos aprecian este hecho, pues muchos parecen vivir en la tierra de nadie entre la ley y la gracia. Inseguros acerca de donde pertenecen, ceden los beneficios de ambos.

Israel debía saber que la justicia personal nunca será suficiente, pues Isaías explicó esto claramente: *"Si bien todos nosotros somos como suciedad, y todas nuestras justicias como trapo de inmundicia"* (Isaías 64:6). Muchas personas probablemente esperarían que Isaías llamara a nuestros pecados "trapos de inmundicia", pero él realmente estaba usando una metáfora para clasificar nuestra justicia—lo que hacemos en nuestro intento por lograr la justicia. Como resultado, Isaías continuó: *"Caímos como la hoja, y nuestras maldades nos llevaron como viento"* (Versículo 6). La mayor cantidad de justicia que pudiéramos obtener no es mejor que un trapo sucio y es tan sin importancia como una frágil hoja que se lleva el viento.

Para un ejemplo de hipocresía en la Biblia, volvamos a la parábola que Jesús dijo de un fariseo que oraba en el templo:

> *A unos que confiaban en sí mismos como justos, y menospreciaban a los otros, dijo también esta parábola: Dos hombres subieron al templo a orar: uno era fariseo, y el otro publicano. El fariseo, puesto en pie, oraba consigo mismo de esta manera: "Dios, te doy gracias porque no soy como los otros hombres, ladrones, injustos, adúlteros, ni aun como este publicano; ayuno dos veces a la semana, doy diezmos de todo lo que gano." Mas el publicano, estando lejos, no quería ni aun alzar los ojos al cielo, sino que se golpeaba el pecho, diciendo: "Dios, sé propicio a mí, pecador." Os digo que éste descendió a su casa justificado antes que el otro; porque cualquiera que se enaltece, será humillado; y el que se humilla será enaltecido.* (Lucas 18:9–14)

Estos versículos nos prometen que cualquiera que se enaltece será humillado y que cualquiera que se humilla será enaltecido. Esto crea una gran paradoja: la subida es bajada. Cuanto más bajo vayamos, más alto nos pondrá Dios. No obstante, si tratamos de enaltecernos por nosotros mismos, sin embargo, Dios de seguro frustrará nuestros esfuerzos y nos enviará a lo mas bajo.

## Cinco rasgos distintos que se deben evitar

El fariseo hipócrita de esta parábola presentaba cinco rasgos distintos que valen la pena considerar.

### 1. Egocentrismo

El fariseo era completamente egocéntrico, una clave característica de la santurronería. Habiendo tratado con cientos de personas que necesitaban liberación de demonios, yo he observado una característica en común en cada caso: el egocentrismo. Este rasgo es una táctica del diablo, una en la que sucumbió el fariseo. Él confiaba en su propia justicia, pero ilusoria; y *"oraba consigo mismo"* (Versículo 11), se envolvía en sus propias palabras en vez de en Aquel a quien él debió sabiamente dirigirse.

## 2. Desdeño a los otros

Segundo, el fariseo se sentía superior a otros; es decir, el publicano que oraba cerca de él. Las personas santurronas están tan envueltas en ellas mismas que degradan y desdeñan a todos los demás.

## 3. Comparación con otros

Este tipo de persona detesta a otras descendencias con la práctica de compararse con otros. El fariseo agradecía a Dios por haberlo creado diferente al publicano, pero esta clase de comparación está completamente fuera de las Escrituras. Dios no nos compara con otros, y, Dios tampoco condona esta práctica de nuestra parte.

## 4. Normas personalizadas

La cuarta característica de la santurronería del fariseo es que él utilizó una serie de normas hechas a la medida para justificar su rectitud. Sin embargo, en vez de una lista de prácticas positivas, el fariseo mantuvo una lista de comportamientos negativos en los que él no participaba. Él no era injusto, no era un extorsionador y no cometía adulterio. Los dos comportamientos positivos—semanalmente ayunaba y fielmente diezmaba—eran los que él creía reforzaban su justicia.

Este trato es común, está marcado especialmente cuando usted se confronta con alguien en relación a los pecados suyos o de esa persona. A la mención de pecado, un mecanismo de defensa automática nos hace protestar y enumerar las cosas que no practicamos.

*Una lista de pecados que no cometemos no nos hacen justos.*

Cuando yo fui salvo mientras prestaba servicio en el ejército británico, el cambio en mi vida impresionó a muchos de mis compañeros soldados. Se acercaban a mí para conversar, con frecuencia abordando temas de religión. Yo solía hablarles de ser salvos, pero al minuto que yo traía a colación el tema del pecado, ellos protestaban: "¡Yo no cometo adulterio!" o "¡Yo nunca le pego a mi esposa!" Cada uno tenía su propia lista adecuada a su auto-defensa contra la etiqueta de "pecador". Esto es exactamente lo que el fariseo santurrón utilizó.

## 5. Justicia estática

Por ultimo, la "justicia" del fariseo era completamente estática, no dejando espacio para cambio o progreso. Él intentaba continuar, como de costumbre, viviendo conforme a su lista de normas pero sin esperar mejorar (o reconocer la necesidad de hacerlo).

## Engaño y legalismo

Un amigo mío que es católico me presentó una definición de legalismo que encontré particularmente perceptiva. Él dijo que el legalismo hace la ley un fin en sí misma, perdiendo la visión del propósito real para lo cual fue provista la ley.

Atrapado en sus propias reglas y rituales, un legalista olvida en primer lugar por qué se dio la ley. Como alguien que no puede ver el bosque por los árboles, un legalista se centra en cumplir reglas específicas y olvida su propósito completo.

¿Por qué fue dada la ley? La Biblia proporciona una clara explicación en Mateo 22:35–40:

> *Y uno de ellos, intérprete de la ley* [un estudiante religioso de la ley; una especie de teólogo], *preguntó por tentarle, diciendo: Maestro, ¿cuál es el gran mandamiento de la ley? Jesús le dijo: Amarás al Señor tu Dios con todo tu corazón, y con toda tu alma, y con toda tu mente. Este es el primero y grande mandamiento. Y el segundo es semejante: Amarás a tu prójimo como a ti mismo. De estos dos mandamientos depende toda la ley y los profetas.*

Al decir *"la ley y los profetas"*, Jesús se estaba refiriendo a lo que el judío contemporáneo llamaría la Tanach, o el Antiguo Testamento. Jesús dijo que todo el Antiguo Testamento dependía de dos mandamientos: amar a Dios y amar a su prójimo. Para colgar un vestido en un clavo, el clavo debe preceder al vestido; el clavo debe ser sujetado a la pared antes de colgar algo en él. De esta manera, estos dos mandamientos—el amor a Dios y el amor al prójimo—son primordiales; la ley es secundaria.

El propósito de la ley está relacionado directamente a los dos grandes mandamientos: ella fue dada para generar amor a Dios y amor al prójimo. Cualquier aplicación o interpretación de la ley que no genere estas dos formas de amor es una perversión de la intención de la ley. Así como Pablo escribió en 1 Timoteo 1:5: *"Pues el propósito de este mandamiento es el amor nacido de corazón limpio, y de buena consciencia, y de fe no fingida".*

Nuestra meta común—la meta de nuestra enseñanza y nuestro empeño—es el amor. Si nos apartamos de esa meta, hablamos palabras vacías y perdemos el tiempo, como lo escribió Pablo en 1 Corintios 13:1: *"Si yo hablase lenguas humanas y angélicas, y no tengo amor, vengo a ser como metal que resuena, o címbalo que retiñe".*

## El ejemplo del sábado

Para un ejemplo del mal uso de la ley por la vía del legalismo en su sentido más fiel, examine la actitud hacia la observancia del sábado en los días de Jesús. Éxodo 23:12 bosqueja el propósito del sábado:

*El legalismo algunas veces convierte en una carga las bendiciones de Dios.*

*"Seis días trabajarás, y al séptimo día reposarás, para que descanse tu buey y tu asno, y tome refrigerio el hijo de tu sierva, y el extranjero".* Las palabras *"descanso"* y *"refrigerio"* expresan el propósito principal desde un punto de vista humano para la observancia del sábado—un hombre y su familia necesitaban un día para descansar y tomar refrigerio. Como lo declaró Jesús en Marcos 2:27: *"El día de reposo fue hecho por causa del hombre, y no el hombre por causa del día de reposo".*

Los fariseos invirtieron esta declaración para que el hombre fuera el que beneficiara al sábado en vez de que el sábado fuera para beneficio del hombre. Este tipo de inversión es típico del legalismo, el cual a menudo toma lo que Dios ha ordenado para bien del hombre y lo convierte en una carga en vez de una bendición.

En los evangelios, parece que Jesús se salía de las costumbres establecidas al sanar a las personas en sábado. Después de todo, el propósito del sábado era traer descanso y refrigerio. ¿Cómo puede alguien que es inválido y torcido experimentar descanso y refrigerio? Sin embargo, el día sábado los líderes religiosos preferían mantener a aquellos que sufrían físicamente en su penosa condición sólo para asegurarse que se observara apropiadamente ese día. Al hacerlo así, ellos esencialmente tergiversaban el sábado para cumplir exactamente lo opuesto a lo que Dios intentaba cumplir.

En Lucas 13:11–16 vemos un ejemplo de esto:

*Y había una mujer que desde hacía dieciocho años tenía espíritu de enfermedad, y andaba encorvada, y en ninguna manera se podía enderezar. Cuando Jesús la vio, la llamó y le dijo: Mujer, eres libre de tu enfermedad. Y puso las manos sobre ella; y ella se enderezó luego, y glorificaba a Dios. Pero el principal de la sinagoga, enojado de que Jesús hubiese sanado en el día de reposo, dijo a la gente: Seis días hay en que se debe trabajar; en éstos, pues, venid y sed sanados, y no en día de reposo. Entonces el Señor le respondió y dijo: Hipócrita, cada uno de vosotros ¿no desata en el día de reposo su buey o su asno del pesebre y lo lleva a beber? Y a esta hija de Abraham, que Satanás había atado por dieciocho años, ¿no se le debía desatar de esta ligadura en el día de reposo?*

¿Puede imaginarse usted a una pobre mujer sufriendo de una enfermedad física durante dieciocho años recibir una sanidad milagrosa, solamente para provocar la indignación del líder de la sinagoga? La santurronería del líder de la sinagoga fue responsable de su ira, y, en un nivel más serio, de su ceguera espiritual.

En Mateo 23, Jesús acusó de hipocresía a los líderes religiosos de Su día, seguidamente llamándoles: *"guías ciegos"* (Versículos 16, 24), *"insensatos y ciegos"* (Versículos 17, 19), *"¡Fariseo ciego!"* (Versículo 26). La palabra clave que los caracteriza es *ciego*, y yo creo que la santurronería produce inevitablemente ceguera espiritual.

*Es con el corazón que percibimos lo espiritual.*

En Romanos 11:25, Pablo explicó el error de Israel: *"Que ha acontecido a Israel endurecimiento en parte, hasta que haya entrado la plenitud de los gentiles".* En este caso la palabra griega para *"endurecimiento"* significa dureza o ceguera de corazón, pero una dureza de corazón estrechamente relacionada con ceguera espiritual, pues es con el corazón que percibimos lo espiritual.

La ceguera espiritual explica el por qué muchas personas—aun los cristianos practicantes que han sido bautizados con el Espíritu Santo—se vuelven casi ciegos a lo que Dios está haciendo. La santurronería no solamente produce ceguera espiritual, sino que también ciega a la persona a la realidad de su condición.

## Legalistas de nuestros días

Hoy raramente tratamos con personas que están intentando observar o cumplir con la Ley de Moisés. Hay individuos que practican el judaísmo ortodoxo, pero difieren considerablemente de la Ley de Moisés en su sentido más estricto.

Mientras que la mayoría de las personas pueden no confiar en el cumplimiento de la ley, la iglesia cristiana contiene una multitud de personas que, como el fariseo de la parábola de Lucas 18, tienen sus propias listas de reglas que siguen para reforzarlas, al menos en sus mentes eso es su propia justicia. Estas personas se ajustan a cinco categorías que yo he identificado.

### 1. Herencia de santidad

El primer grupo de personas que forma su propia lista personal viene de lo que se conoce como "antecedentes de santidad". Este antecedente en particular tiene relación con el metodismo; no obstante, pasa a muchas secciones del Movimiento Pentecostal como la Iglesia de Dios, Santidad Pentecostal y otros. En su esfuerzo por lograr la santidad, estas personas conforman una larga lista de reglas estrictas y específicas en relación a asuntos tan detallados como qué deben vestir las mujeres, qué debe comer y tomar la persona, dónde debe buscar placer y entretenimiento la persona, si deben o no los hombres y las mujeres nadar juntos…y la lista sigue.

Mientras yo enseñaba un curso bíblico de seis semanas en la asamblea principal pentecostal en Copenhagen, Dinamarca, me quedé en un hogar en los suburbios, y, tenía que viajar en tranvía todos los días de ida y de regreso desde el centro de la ciudad. Cerca de la parada del tranvía se levantaba una estatua de un hombre—el obispo Absalón—hecha de granito y metal. Alrededor de tres semanas de curso, yo me estaba preocupando por las actitudes negativas de los pentecostales y las estrictas reglas, por lo que di una lección centrada en el icono local conocido—la estatua del obispo Absalón.

"Quiero decirles algunas acerca del Obispo Absalón", les dije. Él no fuma, él no toma, no va al cine, no baila, no juega y no maldice". Dejé que la lista se les grabara y luego agregué: "El obispo Absalón no es cristiano porque no tiene vida".

*La ceguera espiritual nos ciega a la realidad de nuestra condición.*

De acuerdo a sus normas, el Obispo Absalón, fue impecable. Pero él era también una estatua sin vida, y, la vida es la esencia del cristianismo. Creo que ellos captaron el mensaje.

En Colosenses 2:20–22, Pablo escribió:

*Pues si habéis muerto con Cristo en cuanto a los rudimentos del mundo, ¿por qué, como si vivieseis en el mundo, os sometéis a preceptos tales como: No manejes, ni gustes, ni aun toques (en conformidad a mandamientos y doctrinas de hombres), cosas que todas se destruyen con el uso?*

Este pasaje proporciona un bonito cuadro exacto acerca de la enseñanza de la santidad. No me mal entiendan—no estoy diciendo que las reglas son necesariamente equivocadas. Muchas de ellas son útiles y buenas. Lo que estoy diciendo es que nuestra rectitud no consiste en guardar esas reglas, especialmente cuando tantas de ellas son lamentablemente muy anticuadas.

Por ejemplo, cuando yo estaba criando a mi familia, la radio era considerada "mundana" por lo que los "buenos cristianos" no escuchaban la radio. Nosotros hacíamos caso a esta regla, pues todavía no había indicios de la televisión, y cuando apareció la televisión, no había una regla en contra de verla.

Algunas personas profesaban que los cristianos no debían frecuentar los teatros de cine, pero la llegada de la televisión trajo el cine a la casa. ¿Cuál es peor—ocuparse en una conducta "errada" fuera de su casa o traer algo "equivocado" a la casa? Algunos "errores" de afuera se convierten en dobles "errores" internos, pero nuestras reglas no reflejan este hecho.

*Nuestra rectitud no consiste en cumplir reglas.*

Otro ejemplo pertenece a las mujeres que usan maquillaje. Por algún tiempo, una regla les prohibió que usaran lápiz labial. Esta regla precedió a la introducción del sombreado de los ojos, para lo cual no se habían hecho reglas. Las esposas de los pastores de las Asambleas de Dios, por tanto, no usaban lápiz labial, ni rubor, pero se ponían tanto maquillaje sobre los ojos que parecían fantasmas. Nuestro pequeño grupo de reglas establecidas por los hombres con frecuencia resultan ridículas e ilógicas.

## 2. Herencia bautista

La segunda categoría se refleja en aquellos con una herencia bautista. La esencia de estas reglas parece estar activa. Usted tiene que asistir a cuatro reuniones semanales. Usted tiene que servir en tres comités. Usted tiene que hacer trabajo de visitación puerta a puerta. La inadecuada participación lo condena a usted. Yo en lo personal creo que los cristianos que pasan mucho tiempo en la iglesia—que van a la iglesia cuatro o cinco veces por semana, por ejemplo—corren el riesgo de descuidar a sus familias y a sus hogares.

Anteriormente fui pastor asociado de una iglesia de las Asambleas de Dios, donde las familias debían venir por lo menos cinco veces a la semana para varias funciones, reuniones y servicios. Esta frecuencia parecía fomentar frustraciones en las familias y especialmente en los hijos pequeños y adolescentes, quienes se impacientaban porque llegara el día cuando ellos no tendrían que regresar a la iglesia. Estaban agotados de tanta actividad.

En Romanos 4:3, Pablo escribió: *"Porque qué dice la Escritura? Creyó Abraham a Dios, y le fue contado por justicia"*. No fue lo que hizo Abraham, sino lo que creyó—su fe en Dios—o que lo calificó como justo.

Si somos capaces de lograr justicia por medio de las obras, entonces Dios nos debe una recompensa. Pero Dios no nos debe nada. *"Mas el que no obra, sino cree en aquel que justifica al impío, su fe le es contada por justicia"* (Versículo 5). No hay actos externos que usted pueda hacer para lograr justicia; por tanto, abandone sus esfuerzos fútiles para hacer esto o aquello. Es cierto que nuestras buenas obras alcanzan recompensas eternas (Véase, por ejemplo, Mateo 16:27; Lucas 6:35), pero no es así si hacemos buenas obras con la esperanza de obtener justicia. La única manera de ser justos es recibir, por fe, la justicia de Dios.

## 3. Herencia fundamentalista

El tercer grupo forma sus reglas basado en una obsesión por la doctrina correcta. Yo les llamo fundamentalistas. Fastidiosos acerca de la doctrina correcta, ellos se afanan en ponerlo el punto a cada "i" y en cruzar cada "t" si ello significa que tienen la respuesta correcta. Una falta de respuesta produce inseguridad y para evitar esto, los fundamentalistas desa-

*Nuestra seguridad en Dios no depende de estar en lo correcto.*

rrollan una defensa de doctrinas detallas para crear un sentido de seguridad. Si usted desafía una doctrina fundamentalista, usted socava su seguridad y hace que protesten en su auto-defensa.

Según entiendo el Evangelio, nuestra seguridad en Dios no depende de estar en lo correcto. Aun cuando estemos equivocados—lo cual sucede la mayoría de las veces—podemos sentirnos seguros si no confiamos en nosotros mismos, sino en Dios. Hay muchas cosas que nosotros no conocemos; muchas más que quizá jamás conoceremos. Esto nos lleva a ser humildes y a tratar de ser rectos en todo lo posible.

### 4. "Espirituales"

Las personas a las que me refiero como a "espirituales" se levantan a las cinco todas las mañanas, pasan treinta minutos sobre sus rodillas ante una Biblia abierta, y pueden declamar de memoria incontables pasajes de las Escrituras. Ellos pueden decir que reciben revelaciones de cosas que van a pasar.

Aunque estas prácticas son positivas, ellas no pueden impartir justicia. Levantarse temprano a orar es bueno mientras no lo haga basado en una obligación, o en una idea de que eso lo volverá justo. Una vez fui culpable de levantarme temprano para orar porque pensé que debía hacerlo, ¡pero qué esfuerzo fútil resultó!

### 5. "Limpia mostradores de cocina"

El último grupo de cumplidores de reglas comprende personas a las que yo llamo "limpia mostradores de cocina". Estas personas creen que la justicia consiste en mantener la "cocina" inmaculadamente limpia—el piso bien fregado, los mostradores limpios, los aparadores organizados, los platos lavados, las esquinas desempolvadas, las servilletas nítidamente dobladas y así sucesivamente.

Cuando nos centramos en la apariencia externa, descuidamos la realidad interior, donde la justicia es administrada y contenida.

La persona que confía en ella misma y guarda un exterior limpio tiende también a despreciar a aquellos cuyas cocinas están desordenadas, personas que no cumplen con el mismo grupo de reglas que ellos.

Los limpia mostradores de cocina se enorgullecen de su aparentemente inmaculado exterior, y, esto produce una condición de peligroso daño espiritual. Proverbios 16:18 advierte, *"Delante de la destrucción va el orgullo, y delante de la caída, la altivez de espíritu"*.

## Antítesis de la santurronería: La justicia de Dios

La santurronería nace del deseo del hombre natural de ser auto-suficiente. Valoramos la independencia y nos esforzamos por confiar en nosotros mismos en vez de confiar en Dios o en otra persona. Un camino por el que las personas buscan independizarse de Dios es por medio de la religión—estableciendo un estricto protocolo y siguiéndolo como un medio para obtener la justicia. El hombre debe aceptar su incapacidad para lograr la justicia, de este modo abandonando la santurronería y rindiéndose a la justicia de Dios—cinco aspectos que se oponen directamente a los cinco aspectos de la santurronería que ya estudiamos.

### 1. Cristo-céntrico

Mientras que la santurronería es egocéntrica, como lo sugiere el término, la justicia de Dios es Cristo-céntrica. Para recibir la justicia de Dios, debemos apartar nuestra atención de nosotros mismos y centrarnos en Cristo. Isaías habló en nombre de Dios en Isaías 45:22: *"Mirad a mí, y sed salvos, todos los términos de la tierra"*. A propósito, esto no sólo se aplica a la justicia, sino también a la sanidad—muchos cristianos sufren físicamente sin remedio porque se han centrado en los síntomas en vez de centrarse en el Señor. Cristo es el Alfa y la Omega, el Principio y el Fin, el Primero y el Último (Véase Apocalipsis 22:13). Nosotros estamos completos en Cristo *"en quien están escondidos todos los tesoros de la sabiduría y del conocimiento"* (Colosenses 2:3).

## 2. Aceptando a los demás

Cristo *"nos escogió en él antes de la fundación del mundo, para que fuésemos santos y sin mancha delante de él para alabanza de la gloria de su gracia, con la cual nos hizo aceptos en el Amado"* (Efesios 1:4, 6). Solamente por medio de Cristo la gracia de Dios nos concede Su justicia; no la podemos ganar ni la merecemos. Nosotros somos aceptados a causa de lo que Cristo hizo y por lo que Él es. Somos amados de Dios al igual que Cristo lo es.

Debido a que Cristo nos ha aceptado, nosotros debemos aceptar a los demás en vez de despreciarlos, como la santurronería nos provoca hacer. Debemos tratar a los demás como Dios nos trata a nosotros.

> *Debido a que Cristo nos ha aceptado, nosotros debemos aceptar a los demás.*

Si vivimos bajo la impresión de que Dios nos aceptará solamente mientras guardemos Sus reglas, nosotros aceptaremos a los demás sólo a medida que ellos guarden las reglas que cumplimos. En contraste, si vivimos con la convicción correcta de que Dios nos acepta libremente en Cristo y nos ama incondicionalmente, nosotros podemos aceptar libremente a las personas y amarlas sin establecer condiciones que ellos deben cumplir.

Pablo tocó este tema en Romanos 14, donde habló de un hombre cuya elección dietética le estaba ocasionando despreciar a las personas que no se abstenían de comer carne como él lo hacía: *"El que come, no menosprecie al que no come, y el que no come, no juzgue al que come; porque Dios le ha recibido* (Versículo 3). Dios recibe al que nosotros despreciamos.

Pablo también nos instruyó: *"Por tanto, recibíos los unos a los otros, como también Cristo nos recibió, para gloria de Dios"* (Romanos 15:7). Podemos aprender como recibir a los demás por medio del entendimiento de cómo Cristo nos recibe a nosotros. ¿Acaso nos dijo: "Tengan una vida recta, sigan esta lista de reglas y regresen cuando hayan cumplido esto?" ¡Absolutamente no! Cristo nos recibe tal como somos; no es hasta que Él nos recibe es que Él comienza a cambiarnos.

Esta orden es significativa. No estoy sugiriendo que el cambio no sea necesario, lo que estoy sugiriendo es que el recibir precede al cambio. Si queremos cambiar a alguien, debemos empezar por recibir a esa persona.

## 3. Mirando a Jesús como la única norma

Las personas santurronas con frecuencia se comparan con los demás, pero Dios tiene sólo una norma para justicia: Jesucristo. Él no utiliza otra regla para juzgarnos. En 2 Corintios 10:12, leemos: *"Porque no nos atrevemos ni a contarnos ni a compararnos con algunos que se alaban a sí mismos; pero ellos, midiéndose a sí mismos por sí mismos, y comparándose consigo mismos, no son juiciosos"*. Lo opuesto a sabio es insensato; solo los tontos se comparan a sí mismos con otros y forman auto-evaluaciones basados sobre estas comparaciones.

Una vez fui programado para hablar en la iglesia de Copenhagen, Dinamarca, en la reunión de un miércoles por la noche. Yo debía hablar por medio un intérprete que traduciría mi mensaje para mi audiencia del inglés al danés. Sin embargo, hablar por medio de un intérprete es difícil, porque usted tiene solamente un pequeño margen para hacer modificaciones repentinas o bromas improvisadas, las que raras veces se traducen con facilidad a los otros idiomas y culturas.

Yo tenía la impresión de que el propósito de esta reunión era para compartir el Evangelio con un grupo de no creyentes. Así que me di a la tarea de buscar un texto y me decidí por

2 Corintios 10:12. Yo planeé hablar acerca de la ridiculez de compararse uno con otras personas pues Dios solamente tiene una norma de juicio. Preparé mi mensaje y me fui a la iglesia, solamente para descubrir que la reunión era únicamente para miembros de la iglesia. Yo estaba devastado. Faltándome la experiencia y el conocimiento para alterar mi mensaje, lo prediqué como lo había planeado, hablándoles a los "santos" un mensaje que yo había preparado para los "pecadores".

*Jesucristo es la única norma por lo cual Dios nos juzga.*

Los resultados fueron dramáticos e inesperados: mi mensaje convenció a los creyentes como nunca antes. La gente puso sus rostros ante el Señor, convencidos que yo había hablado exactamente lo que ellos necesitaban oír y aprender. Mis ojos se abrieron para entender que este mensaje no solamente era para no creyentes, sino también para los creyentes que con tanta frecuencia se comparan con otras personas.

Una vez más pregunto, ¿cuál es para Dios una simple norma por medio de la cual nos mide? Hechos 17:31 explica: *"Por cuanto ha establecido un día en el cual juzgará al mundo con justicia, por aquel varón a quien designó, dando fe a todos con haberle levantado de los muertos".*

Dios no juzgará ni a nuestras organizaciones religiosas ni a nuestras doctrinas sino que juzgará nuestra rectitud. El Hombre que Dios levantó de entre los muertos no es otro más que Jesucristo, quien es nuestra norma y nuestro juez. Dios no tiene otras normas además de Jesús y si nos medimos de acuerdo a otra norma, nos engañamos a nosotros mismos.

## 4. Haciendo la voluntad de Dios

La justicia de Dios no consiste en guardar una lista de reglas específicas. Más bien, cuando creemos que Dios nos ha aceptado,

Él puede trabajar en nosotros y nuestras acciones exteriores son correspondientes.

Yo creo que Dios no puede obrar en nosotros hasta que estemos absolutamente seguros de nuestra aceptación, pues es por medio del aceptarnos nosotros mismos que Dios es capaz de obrar en nosotros. Filipenses 2:12–13, dice:

*Por tanto, amados míos, como siempre habéis obedecido, no como en mi presencia solamente, sino mucho mas ahora en mi ausencia, ocupaos en vuestra salvación con temor y temblor, porque Dios es el que en vosotros produce así el querer como el hacer, por su Buena voluntad.*

Dios obra *en nuestro interior,* nosotros obramos *en lo exterior.* Nosotros dependemos completamente de la obra de Dios dentro de nosotros, y, Él obra de dos maneras: primero el querer, luego el hacer, Su buena voluntad. Naturalmente que nosotros deberíamos querer hacer lo que es correcto, pues Dios nos da la voluntad para realizarlo, luego nos equipa con la habilidad para hacerlo.

## 5. Crecimiento permanente

Finalmente, la justicia de Dios es dinámica y progresiva, no estática o estacionaria. Crecemos en cristo como los niños en los hogares de nuestros padres.

La relación entre un padre humano y su hijo es una ilustración que se ajusta a este principio. Un padre jamás le dice a su hijo recién nacido: "Cuando aprendas todas estas reglas te voy aceptar como hijo". Por el contrario, los padres se deleitan con el recién nacido y lo aceptan desde que nace. Un niño que crece en un hogar donde no es aceptado encontrará problemas, mientras que el niño donde es aceptado inmediatamente crece deseando hacer la voluntad de su padre. Aunque caiga y cometa errores, su padre no puede rechazarlo como su hijo. El padre le dice: "Has cometido muchos errores pero ven, empezaremos de nuevo".

La aceptación es la base de nuestra justicia en Cristo y recibimos aceptación no por medio de las obras o reglas, sino por medio de Dios y por medio de la fe.

Vamos de la aceptación a la justicia, creciendo en nuestra semejanza con Cristo. Efesios 4:15, dice: *"Sino que hablando la verdad en amor, crezcamos [nosotros] en todos los aspectos en aquel que es la cabeza, es decir, Cristo"* (LBLA). Una declaración parecida ocurre en 2 Corintios 3:18: *"Por tanto, nosotros todos, mirando a cara descubierta como en un espejo la gloria del Señor, somos transformados de gloria en gloria en la misma imagen, como por el Espíritu del Señor".*

Nosotros cambiamos y estamos sometidos a transformación, no por nuestros propios esfuerzos, sino gracias al Espíritu Santo, quien imparte la gloria de Cristo. Este proceso está en marcha; dura tanto como resista nuestra vida terrenal.

En Filipenses 3:7–14 Pablo habló de la vida del cambio posterior para toda la vida:

*Pero cuantas cosas eran para mí ganancias, las he estimado como pérdida por amor Cristo. Y ciertamente, aun estimo todas las cosas como pérdida por la excelencia del conocimiento de Cristo Jesús, mi Señor, por amor del cual lo he perdido todo, y lo tengo por basura, para ganar a Cristo, y ser hallado en él, no teniendo mi propia justicia que es por la ley, sino la que es por la fe de Cristo, la justicia que es de Dios por la fe; a fin de conocerle, y el poder de su resurrección, y la participación de sus padecimientos, llegando a ser semejante a él en su muerte, si en alguna manera llegase a la resurrección de entre los muertos. No que lo haya alcanzado ya, ni que ya sea perfecto; sino que prosigo por ver si logro asir aquello para lo cual fui también asido por Cristo Jesús. Hermanos, yo mismo no pretendo haberlo ya alcanzado; pero una cosa hago: olvidando ciertamente lo que queda atrás, y extendiéndome a lo que está delante, prosigo a la meta, al premio del supremo llamamiento de Dios en Cristo Jesús.*

## Nuestra última meta

Nuestra última meta es la justicia de Cristo, la cual sólo Él imparte por medio del Espíritu Santo. Como enseña Proverbios 4:18: *"El camino de los justos ["rectos" según otras versiones] es como la luz de un nuevo día: va en aumento hasta brilla en todo su esplendor".*

Si estamos caminando la senda de los justos, la luz brillará intensamente cada día a medida que acercamos más a Dios. Si la luz por la cual yo vivo ahora no es tan brillante como la de ayer, estoy en peligro de reincidir, de confiar en mis propios métodos y reglas en vez de confiar en la justicia de Dios. Este tipo de reincidencia promueve la santurronería, la cual debe evitarse si queremos prevenir la ceguera espiritual y el engaño subsiguiente.

# Venza las engañosas

## artimañas de Satanás

Usted debe hacerse una sincera auto-evaluación para medir el grado de susceptibilidad al engaño, pues sólo hasta entonces usted puede armarse contra las tácticas de Satanás. Estas características no son exhaustivas, pero son los rasgos más prominentes de personas que están más propensas a ser engañadas.

## Características de los candidatos para el engaño

### Dependencia de impresiones subjetivas

Las impresiones subjetivas—formadas de emociones, intuiciones y sentidos—generan conclusiones que a menudo son mal fundadas e incorrectas. Las evaluaciones subjetivas son altamente sospechosas, torcido por nuestra naturaleza pecaminosa y mentes desviadas.

Alguien puede decir: "Cuando se me profetizó de esto y lo otro, me sentí bien. Su mensaje debe haber sido de Dios". Este tipo de evaluación es peligrosa porque tiene su raíz solamente en los sentimientos. Muchas pruebas son más importantes que lo que usted sienta acerca de algo.

## Mirando sólo a los líderes humanos

Algunas personas depositan su completa confianza en líderes humanos, si ellos son pastores, sacerdotes, profetas o mentores espirituales. Ningún líder humano es infalible. Creer todo lo que alguien dice es peligroso sino se revisa de acuerdo con las Escrituras o no se prueba de otra manera.

## Aceptando señales sobrenaturales como garantía de la verdad

El mismo Jesús dijo que se levantarían falsos profetas y que realizarían grandes señales y prodigios—la palabra clave es *falsos*. El mero hecho de que una señal es sobrenatural no es suficiente garantía de su autenticidad.

Los falsos profetas existen, y, Satanás es capaz de hacer señales y maravillas sobrenaturales también. Según hemos discutido, cualquiera que acepte estas cosas ciegamente y asume que vienen de Dios es seguro de caer ante el engaño.

## Falta de voluntad para enfrentar el sufrimiento o la persecución

La Biblia nos advierte que, como creyentes, debemos esperar enfrentarnos a la persecución y al sufrimiento por nuestra fe. Pedro escribió: *"Puesto que Cristo ha padecido por nosotros en la carne, vosotros también armaos del mismo pensamiento; pues quien ha padecido en la carne, terminó con el pecado, para no vivir el tiempo que resta en la carne, conforme a las concupiscencias de los hombres, sino conforme a la voluntad de Dios"* (1 Pedro 4:1–2).

Segunda de Timoteo 3:12 nos dice de igual manera: *"Y también todos los que quieren vivir piadosamente en Cristo Jesús padecerán persecución"*. El sufrimiento es una realidad de la vida cristiana. Dios lo utiliza para moldearnos. Alguien que espera o promete sólo buenas cosas es un falso profeta o un individuo descarriado.

## Ignorancia de las Escrituras

Algunas personas en pueblos remotos o países no alcanzados no tienen una Biblia; tienen solamente una palabra—talvez las enseñanzas de misioneros o explicaciones dadas del Evangelio. Dios será misericordioso con ellos. Pero para nosotros que tenemos Biblias a nuestra disposición, el descuidar estudiarlas nos vuelve presa fácil del engaño. Al armarnos con la verdad expresada en la Palabra de Dios, podemos evitar el engaño. Pero si permanecemos ignorantes acerca de Sus verdades y enseñanzas, merecemos ser engañados.

# Una serie de protecciones

Ahora que usted tiene un mejor entendimiento de lo que hace a las personas susceptibles al engaño, estará mejor equipado para reconocer la falsedad y resistirse al engaño. Para obstaculizar las artimañas de Satanás, practique las siguientes protecciones cuando usted sea tentado por el orgullo, cuando encuentre señales y prodigios, o cuando disminuya su temor a Dios.

Estas protecciones, junto con una relación personal íntima con Cristo, le protegerán del engaño y le capacitarán para mantener su membresía en la verdadera iglesia.

## 1. Humildad

La primera protección puede encontrarse en 1 Pedro 5:5–6: *"Dios resiste a los soberbios, pero da gracia a los humildes. Humillaos, pues, bajo la poderosa mano de Dios, para que Él os exalte cuando fuere tiempo"*. La humildad consiste en exaltar a Dios y poner a los demás en primer lugar en vez de exaltarse uno

*El descuidar estudiar nuestras Biblias nos vuelve presa fácil del engaño.*

mismo. Esta calidad es esencial si esperamos llegar a la presencia de Dios.

La Biblia nunca dice que Dios nos hará humildes; es nuestra responsabilidad. Las personas pueden predicarnos y orar por nosotros, pero la decisión final para practicar la humildad debe salir de nuestra parte. Salmos 25:8–9 provee un estímulo: *"Bueno y recto es el Señor; por tanto, Él muestra a los pecadores el camino. Dirige a los humildes en la justicia, y enseña a los humildes su camino".* Es gracias a Su gracia que el Señor enseña a los pecadores. Dios no enlista estudiantes basado en calificaciones intelectuales, sino en el carácter. Muchas personas pueden asistir a la escuela bíblica o a un seminario, pero ellos no se inscriben para las clases de la escuela de Dios a menos que se humillen.

## 2. Recibiendo el amor a la verdad

La segunda protección tiene su raíz en la advertencia de 2 Tesalonicenses 2:9: *"Inicuo* [el Anticristo] *cuya venida es conforme a la actividad de Satanás, con todo poder y señales y prodigios mentirosos".*

Nunca subestime la habilidad de Satanás para producir poder, señales y prodigios. La mayoría de carismáticas atribuyen las cosas sobrenaturales a otras personas y no a Dios, que es por lo que he identificado al movimiento carismático como al lugar indicado de donde surgirá el Anticristo.

*Dios nos ofrece un amor a la verdad y debemos aceptarlo.*

¿Cómo podemos protegernos de ser engañados por las señales y prodigios de Satanás? Debemos recibir un amor a la verdad. En 2 Tesalonicenses 2:10, vemos que: el *"engaño de iniquidad"* enredará a *"los que se pierden, porque no recibieron el amor de la verdad para ser salvos".* Dios nos ofrece un amor a la verdad y debemos aceptarlo para ser salvos. Cultivar el amor a la verdad conlleva más que leer su Biblia diariamente, ir a la iglesia y oír sermones. Eso significa tener una pasión comprometida a la verdad de Dios.

Para los que rechazan el amor a la verdad, 2 Tesalonicenses 2:11–12, dice: *"Por esto Dios les enviará un poder engañoso, para que crean en la mentira, a fin de que sean juzgados todos los que no creyeron en la verdad sino que se complacieron en la iniquidad".*

**Dios corrige a los que ama.**

Cuando Dios permite que haya engaño, muchas veces ese engaño no falla. Si Él permite que alguien sea engañado, hay dos posibles maneras para orar: primero, que Dios obre por medio del engaño para cumplir Sus propósitos; segundo, que Dios nos protege de caer en el engaño.

Las personas son engañadas cuando son gobernadas por la naturaleza almada. Dos palabras claves que ayudan a la naturaleza almada son *paz* y *amor*. Todo mundo clama por paz, algo contingente—de acuerdo con la Biblia—sobre la justicia. Separada de la justicia, la paz no existe. En Isaías 48:22, el profeta escribió: *"No hay paz para los malvados', dice el Señor".* Los políticos usan la palabra paz para ganar patrocinadores, pero esto aumenta la manipulación, porque la paz no llegará a los injustos.

La palabra *amor* se utiliza frecuentemente en la iglesia para manipular a las personas. Otros enfatizan que "Dios es amor", lo cual es verdad. Sin embargo, aunque Dios es amoroso, Él también es estricto; Él perdona, pero también nos llama a rendir cuentas por nuestras acciones, pensamientos y palabras. Un concepto sentimental de Dios como Papá Noel, distribuyendo caramelos a los pequeñitos, está lejos de Su verdadera justicia y severidad. Una vez más, Dios corrige a los que ama; Él cumple Sus promesas para disciplinar a Sus hijos.

Cuando Dios nos reprende en amor, nosotros debemos responder apropiadamente porque haciéndolo así continuaremos cultivando nuestro amor por la verdad. Hebreos 12:5–8 explica la respuesta correcta a la disciplina de Dios:

> Y habéis ya olvidado la exhortación que como a hijos se os dirige, diciendo: "Hijo mío, no menosprecies la disciplina del Señor, ni desmayes cuando eres reprendido por Él; porque el Señor al que ama disciplina, y azota a todo el que recibe por hijo". Si soportáis la disciplina, Dios os trata como a hijos; porque ¿qué hijo es aquel a quien el padre no disciplina? Pero si se os deja sin disciplina, de la cual todos han sido participantes, entonces sois bastardos, y no hijos.

No debemos despreciar ni estar desanimados por la disciplina de Dios. A medida que aceptamos y respondemos positivamente a la disciplina de Dios, nos libraremos del engaño.

## 3. Cultivando el temor al Señor

El temor al Señor es decisivo en la vida cristiana. El temor a Dios o "temor del Señor", para el cristiano, es un sentimiento de reverencia, temor reverente y respeto a Dios. El incrédulo tiene razón de estar muerto de miedo en su temor a Dios porque él se presenta condenado ante Dios. Salmos 34:11–14 lee:

> Venid, hijos, oídme; el temor de Jehová os enseñaré. ¿Quién es el hombre que desea vida, quién desea muchos días para ver el bien? Apártate del mal, y haz el bien; busca la paz, y síguela.

Escrituras adicionales acerca del temor al Señor incluyen Salmos 19:9—"El temor de Jehová es limpio, que permanece para siempre"—y Job 28:28—"He aquí que el temor del Señor es la sabiduría, y el apartarse del mal, la inteligencia".

Los requisitos del temor al Señor no son intelectuales, sino morales. Los insensatos inteligentes abundan; nosotros debemos apartarnos del mal y hacer lo correcto. Proverbios 8:13, enseña: *"El temor de Jehová es aborrecer el mal; la soberbia y la arrogancia, el mal camino, y la boca perversa, aborrezco"*. El temor del Señor requiere aborrecer el mal; usted debe desechar el orgullo y la arrogancia. De esta manera usted no deja la puerta abierta para la ceguera espiritual y el engaño.

Cuando nosotros tememos al Señor, Él nos promete larga vida de bendiciones y sabiduría, como lo establece Proverbios 9:10–11: *"El temor de Jehová es el principio de la sabiduría, y el conocimiento del Santísimo es la inteligencia. Porque por mí se aumentarán tus días, y años de vida se te añadirán"*.

> *El temor al Señor requiere que nosotros desechemos el orgullo y la arrogancia.*

El temor del Señor también provee consuelo y confianza: *"En el temor de Jehová está la fuerte confianza; y esperanza tendrán Sus hijos. El temor de Jehová es manantial de vida para apartarse de los lazos de la muerte"* (Proverbios 14:26–27).

Temer al Señor no garantiza una vida fácil y despreocupada, más bien promete satisfacción: *"El temor de Jehová es para vida, y con él vivirá lleno de reposo el hombre; no será visitado de mal"* (Proverbios 19:23).

Un mensaje final de importancia es el cuadro profético del Mesías presentado en el capítulo once de Isaías:

> *Y brotará un retoño del tronco de Isaí, y un Vástago de sus raíces dará fruto. Y reposará sobre él el Espíritu del Señor, espíritu de sabiduría y de inteligencia, espíritu de consejo y de poder, espíritu de conocimiento y de temor del Señor.*
>
> (Isaías 11:1–2)

Los pasajes del Nuevo Testamento confirman que este *"Vástago"* es Jesucristo, y, es significativo notar que el Espíritu descansó sobre Él siete veces. El número siete está siempre asociado con el Espíritu Santo. Un ejemplo de esto lo encontramos en Apocalipsis 4:5, el cual habla de siete lámparas de fuego—los siete Espíritus de Dios—que están delante del trono de Dios.

> *El conocimiento envanece; el temor del Señor nos vuelve humildes.*

Yo creo que el pasaje de Isaías antes mencionado revela la naturaleza de los siete Espíritus de Dios. El primero, el Espíritu del Señor, es el mismo Dios. Después, Su naturaleza es descrita en pares: el Espíritu de sabiduría y de inteligencia; el Espíritu de consejo y de poder; y el Espíritu de ciencia y de temor del Señor. Este último par subraya la importancia del conocimiento balanceado—el cual tiende a envanecer nuestro orgullo—con un temor del Señor, el cual tiende a volvernos humildes.

El temor del Señor sirve para contra balancear la "felicidad", un sentimiento a menudo desconectado de la fe. En el movimiento carismático, especialmente, la gente palmotea sus manos y baila con agitación—esto es positivo solamente cuando va unido a un respetuoso temor del Señor. El temor acompañaba al crecimiento de la iglesia, descrito en Hechos 9:31: *"Entonces las iglesias tenían paz por toda Judea, Galilea y Samaria; y eran edificadas, andando en el temor del Señor, y se acrecentaban fortalecidas por el Espíritu Santo".* Dios nos consuela y edifica, pero debemos temer a Él con profunda reverencia.

Algunas personas asumen erróneamente que ser salvos hace obsoleto e innecesario el temor al Señor. Por el contrario, los creyentes deben respetar y reverenciar a Dios aun más debido al tremendo precio que Él pagó para redimirlos. Como lo establece 1 Pedro 1:17–19:

> *Y si invocáis como Padre a aquel que imparcialmente juzga según la obra de cada uno, conducíos en temor durante el*

*tiempo de vuestra peregrinación; sabiendo que no fuisteis redimidos de vuestra vana manera de vivir heredada de vuestros padres con cosas perecederas como oro o plata, sino con sangre preciosa, como de un cordero sin tacha y sin mancha, la sangre de Cristo.*

Cuando valoramos el temor al Señor, evitamos el orgullo, la ingratitud y el dar por sentado a Dios.

## 4. Rindiéndose a la centralidad de la Cruz

En 1 Corintios 2:1–3, Pablo escribió:

*Así que, hermanos, cuando fui a vosotros para anunciaros el testimonio de Dios, no fui con excelencia de palabras o de sabiduría. Pues me propuse no saber entre vosotros cosa alguna sino a Jesucristo, y a éste crucificado.*

En los días de Pablo, la oratoria era proeza de última moda; oradores públicos sin habilidades eran ridiculizados y sometidos a burlas. Para demostrarlo él solo confiaba en Cristo y en Su muerte expiatoria en la cruz, Pablo resaltaba su propia inhabilidad y debilidad.

Así como él lo enfatizó en 2 Corintios 12:9: la fortaleza de Dios se hace perfecta en la debilidad del hombre. Dios debe llevarnos al lugar donde nuestra fortaleza falla para que aprendamos a confiar en la fortaleza que Él provee. De otra manera, nosotros nuevamente nos apoyaremos a nuestra propia suficiencia percibida y podemos caer en las artimañas de la hipocresía.

*Cuando nuestra fortaleza falla, aprendemos a confiar en la fortaleza que Dios provee.*

Mi propio ministerio testifica de esta verdad: para poder usarme en una manera significativa, Dios tuvo que llevarme al punto de la incapacidad, donde reconocí mi dependencia de Su fortaleza, perfeccionada en mi debilidad. Cuando me preparaba para predicar, yo debía orar a Dios: "Sé que no tengo la habilidad. Dependo totalmente de Ti. Si Tú no me unges, si Tú no me inspiras, si Tú no me fortaleces, no puedo hacerlo".

En 1 Corintios 2:4–5, Pablo continuó:

*Y ni mi palabra ni mi predicación fue con palabras persuasivas de humana sabiduría, sino con demostración del Espíritu y de poder, para que vuestra fe no esté fundada en la sabiduría de los hombres, sino en el poder de Dios.*

El enfocarse en la cruz es esencial para liberar el poder del Espíritu Santo.

En 1707, Isaac Watts escribió el himno popular: "Cuando yo contemplo la maravillosa Cruz", el primer verso declara: "Cuando contemplo la maravillosa cruz, en la cual el Príncipe de gloria murió. Mi riqueza gané y conté por pérdida, y derramé todo mi orgullo". Cuando verdaderamente nos centramos en la cruz comprendemos que no tenemos nada de que gloriarnos.

> *Solamente la Cruz nos capacita para cumplir con los propósitos que Dios tiene para nosotros.*

El predicador bautista Carlos Spurgeon continuamente enfatizaba el centrarse en la Cruz. Una vez él hizo una analogía para ilustrar la importancia de ese enfoque. En esencia dijo que el predicar acerca de los principios de la vida cristiana sin mencionar la Cruz es como un sargento instructor dando órdenes a un escuadrón de soldados sin pies. Ellos pueden comprender sus órdenes pero son incapaces de llevarlas a cabo. Es solamente por medio de la Cruz que tenemos la habilidad para cumplir con los propósitos de Dios para nosotros.

Cuando Pablo se excusó por sus débiles habilidades orato-rias, también se excusó por su limitada sabiduría–con esto, él quiso decir una falta de familiaridad con la filosofía griega. En Hechos 17, Pablo estaba en Atenas, una ciudad universitaria que formaba el centro intelectual de los tiempos antiguos. Adaptán-dose a su audiencia, Pablo predicó un sermón intelectual, citando posiblemente a un poeta griego. No obstante, sus resultados fue-ron nominales; pocas personas creyeron su mensaje.

Seguidamente, Pablo fue a Corinto (Véase Hechos 18), ciu-dad y puerto principal llena de pecado y perversidad. Aparen-temente fue entre Atenas y Corinto que Pablo tomó la decisión de abandonar la destreza y sabiduría humanas para confiar en la fortaleza de Dios. Olvidando todo lo demás, Pablo hizo del Cristo crucificado—de la Cruz—el centro de su mensaje. Entregando todo deseo personal de poder o habilidad, Pablo permitió que el Espíritu Santo llegara con poder y hablara a través de sus debili-dades. Esto sucedió cuando hizo de la Cruz su enfoque central.

Si practicamos las protecciones que hemos discutido, eso nos hará menos susceptibles al engaño. En el siguiente capítulo con-tinuaremos con algunas sugerencias de cómo evitar que seamos engañados.

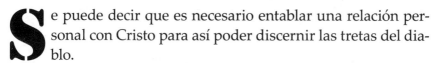

# CULTIVE

## UNA VIDA EN CRISTO

**S**e puede decir que es necesario entablar una relación personal con Cristo para así poder discernir las tretas del diablo.

Principalmente, debemos cultivar un amor a la verdad, porque haciéndolo así amamos a Dios y buscamos Su Palabra, la cual s la verdad.

En 2 Tesalonicenses 2:9–10, aprendemos que el amor a la verdad nos protege del Anticristo:

> *Inicuo cuyo advenimiento es por obra de Satanás, con gran poder y señales y prodigios mentirosos, y con todo engaño de iniquidad para los que se pierden, por cuanto no recibieron el amor de la verdad para ser salvos.*

Si rechazamos el amor a la verdad, estamos destinados a perecer. La palabra *"amor"* en este caso significa más que simple tolerancia a la verdad o permitir que alguien nos presente la verdad. Esto significa buscar la verdad, encontrarla por nosotros mismos.

Debemos tomar tiempo para leer nuestra Biblia, calentarnos en la presencia del Señor. El tiempo que se pase en Su presencia nos equipa para reconocer la verdad y rechazar todo lo demás.

## Dando a Dios su tiempo

Es importante pasar tiempo en compañerismo con otros cristianos, pero es aún más importante pasar tiempo a solas con Dios. Muchas personas dedican una cantidad insignificante de tiempo a Dios. Ellos deben arrepentirse y cambiar de rumbo.

Mi esposa Ruth y yo tomamos regularmente un día cada semana—escogimos el miércoles—para depender de Dios. No teníamos nociones preconcebidas de lo que podría suceder; no teníamos ni agenda ni lista de oraciones. En algunas ocasiones empezábamos con la lectura de la Biblia, y, en otras no lo hacíamos. Pero al final del día, siempre nos preguntábamos: ¿Cómo llegamos hasta este punto? Dios siempre nos sorprendió de llegar hasta donde llegábamos a hacer al final del día.

En un momento, Ruth y yo tomamos seis meses sabáticos, de noviembre a abril. Fuimos al Hawai, creyéndolo un lugar apropiado para ser renovados y refrescados. Justamente habíamos finalizado cierta fase de nuestra vida y ministerio, habiendo entregado la dirección de los Ministerios Derek Prince a David Selby, al personal competente y a la junta de directores. Renunciando a todas las responsabilidades, excepto a la oración, nos dirigimos a Hawai con el propósito de buscar la dirección de Dios y confiando en Él que nos prepararía y equipararía para nuestra siguiente fase. No hicimos compromisos. Yo no prediqué.

*Muchas personas dedican una cantidad de tiempo insignificante a Dios.*

Lo que anticipamos como un tiempo de descanso se volvió en el más difícil y penoso período que yo jamás haya soportado. Mi salud declinó significativamente. Pasé dos semanas y media en el hospital con un problema del corazón que fue, hasta recientemente, incurable. De haberse escapado el diagnóstico, yo pude haber muerto en Hawai. Agradezco a Dios por proporcionar doctores, enfermeras y tratamiento médico, así como personas que nos apoyaron y oraron por nosotros.

Durante este tiempo Dios proveyó un claro sentido de la dirección que nuestro ministerio iba a tomar: a partir de ese momento, nosotros estuvimos primero y principalmente ocupados en la intercesión, la oración, la adoración y la dependencia de Dios. Esta instrucción final—depender de Dios—fue una lección adecuada y aprendida al hacerlo exactamente así. Si no hubiéramos reservado nuestro sabático unos cuatro o cinco meses atrás, no hubiéramos podido recibir una respuesta. Por cinco meses y medio Dios guardo silencio y no envió respuesta. Él nos enseñó muchas cosas, pero no fue sino hasta las últimas dos semanas que Él reveló la respuesta que estábamos buscando.

*No deberíamos esperar escuchar de Dios si rehusamos dar nuestro tiempo a Él.*

Otra lección que Dios nos dio durante nuestro sabático trataron con el uso del tiempo también. Dios quiere nuestro tiempo y si nos rehusamos a dedicarle tiempo, yo no pienso que no debemos esperar oír de Él. Dios no quiere cualquier tiempo, sino tiempo sin límite. En vez de decir: "El Señor nos dará la próxima media hora o el siguiente medio día", debemos decir: "El Señor, nos dará el tiempo hasta que oigamos Él, no importa cuanto tiempo se tome".

Muchas personas son impacientes para oír de Dios. Usted podría preguntar: "¿Por qué tuvieron que esperar cinco meses y medio para oír de Dios?" Primero, Dios es soberano: Él hace lo que quiere, cuando quiere, de la manera que quiere. Él no requiere de nuestro permiso o aprobación. Él contesta en Su tiempo. Segundo, Dios nos reveló muchas barreras personales e internas que teníamos que desmantelar antes de que Él pudiera hablar y mostrarnos Su camino. A Él le tomó cinco meses y medio para tratar con estas barreras, dirigiéndonos por medio de un proceso de confesión, arrepentimiento y auto-humillación. Muchas veces, la auto-humillación es crucial; esta es una acción en vez de un sentimiento.

Una vez alguien dijo: "La humildad no es algo que usted es; la humildad es algo que usted hace". En vez de tratar de sentir la humildad, debemos practicarla poniendo a los demás en primer lugar y pensando que nuestras necesidades son menos importantes. Los resultados seguirán a nuestras acciones.

## Siendo humilde

Ya he enfatizado la importancia de la humildad, la cual viene cuando nosotros quitamos la barrera del orgullo—una barrera que puede inhibir la comunicación con Dios. Una manera de humillarnos ante Dios es confesando nuestros pecados.

### 1. Confesándose a Dios

En 1 Juan 1:9, leemos: *"Si confesamos nuestros pecados, él fiel y justo para perdonar nuestros pecados, y limpiarnos de toda maldad"*. Dios no quiere mantener sus pecados con usted, por lo cual es que Él proveyó un camino para recibir completa limpieza y perdón.

No obstante, hay una condición: debemos confesar nuestros pecados. Si no los confesamos, ellos vendrán en contra de nosotros. Nuestra única salida es por medio de la confesión, reconociendo que hemos ofendido a Dios.

Sin embargo, quiero disuadirlo, de lanzar un proceso de cuidadoso auto-examen, pues cuanto más usted se auto-examine, menos le va a gustar. Dios ha provisto un examinador: el

Espíritu Santo. Jesús dijo que cuando el Espíritu Santo viniera, Él nos convencería de pecado, de justicia y de juicio. Como Juan escribió en 1 Juan 5:17: *"Toda injusticia es pecado"*. Cualquier cosa que no sea justa, es por omisión, pecado. La distinción está en blanco y negro, sin un área gris; el Espíritu Santo nos convence de cualquier cosa que no sea justa. No obstante, el Espíritu Santo no hace que nos sintamos culpables; solamente Satanás inculca culpa y nos hace dudar de si hemos hecho lo suficiente para compensar por nuestros pecados.

## 2. Confesándose a los demás

La segunda clave de la humildad se encuentra en Santiago 5:16: *"Confesaos vuestras ofensas unos a otros, y orad unos por otros, para que seáis sanados"*. En la vida cristiana, los pecados no confesados se amontonan y nos impiden que recibamos sanidad. Debemos humillarnos confesando nuestros pecados a Dios, y, en algunas ocasiones confesándolos a otras personas. Esta auto-humillación es saludable y está basada en la instrucción de las Escrituras. Mi esposa Ruth y yo confesamos muchas cosas mutuamente; yo creo que ninguno de nosotros se guardó ningún pecado conocido el uno del otro.

*El disculparse humilla al hacedor de maldad y sana el corazón de la víctima.*

Hace algunos años yo estaba dando consejería a un hombre que era irrazonablemente colérico con su esposa e hijos. Él era un cristiano que fervientemente deseaba servir y obedecer al Señor. Yo le recomendé que cada vez que perdiera su temperamento, le confesara ese pecado específico a ellos; que cuanto más hiciera eso, menos probable era que perdiera su temperamento de nuevo. Yo creo que muchos matrimonios deberían beneficiarse de compartir confesión de pecados entre esposo y esposa. El reconocer la maldad y el disculparse humilla al hacedor de maldad y sana el corazón de la víctima.

## 3. Sometiéndose a la voluntad de Dios

Una tercera vía para humillarnos es someternos a la voluntad de Dios. En Deuteronomio 32:3–4, Moisés proclamó: *"Porque el nombre de Jehová proclamaré. Engrandeced a nuestro Dios. Él es la Roca, cuya obra es perfecta, porque todos sus caminos son rectitud; Dios de verdad, y sin ninguna iniquidad en él"*. Dios es justo; es imposible para Él ser injusto o falto de equidad. No nos engañemos pensando que Él nos debe algo. Dios no comete errores y nosotros no podemos llamarlo a Él injusto sólo porque falla en cumplir nuestras esperanzas y deseos.

Todos nosotros experimentaremos situaciones "injustas" en la vida. Podemos carecer de suficientes recursos financieros; nuestros amigos pueden traicionarnos. ¿Cómo vamos a responder? En 1 Pedro 5:6 se nos dijo: *"Humillaos, pues, bajo la poderosa mano de Dios, para que él os exalte cuando fuere tiempo"*. En vez de presumir de saber lo que es mejor para nosotros y amargarnos cuando algo diferente pasa, debemos humillarnos.

Debemos orar así a Dios: "Padre, no entiendo lo que está pasando, pero sé que Tú eres perfectamente justo. Tú nunca Te equivocas. Lo que haces es perfecto, y yo me someto a Tu voluntad. Enséñame lo que no sé y ayúdame a entender Tus caminos".

Cuando Dios sacó a Israel de Egipto, permitió que pasaran por grandes pruebas designadas para humillarlos. En Deuteronomio 8:2–3, Moisés dijo:

> *Y te acordarás de todo el camino por donde te ha traído Jehová tu Dios estos cuarenta años en el desierto, para afligirte, para probarte, para saber lo que había en tu corazón, si habías de guardar o no sus mandamientos. Y te afligió, y te hizo tener*

*hambre, y te sustentó con maná, comida que no conocías tú, ni tus padres la habían conocido, para hacerte saber que no solo de pan vivirá el hombre, más de todo lo que sale de la boca de Jehová vivirá el hombre.*

¿Cómo humilló Dios a los israelitas? Los dejó pasar muchas veces por aparente necesidad e insuficiencia, cuando sus deseos carnales no eran satisfechos. Su propósito era humillarlos; sin embargo, el proceso fue prolongado—pero en vez de humillarse, toda una generación pereció en el desierto porque se quejaron, murmuraron, se rebelaron, y, por último culparon a Dios.

Cuando nos enfrentemos a un momento difícil, no debemos murmurar o quejarnos; ni debemos acusar a Dios de injusto, o pasaremos por alto Su propósito. Si nos humillamos, los propósitos de Dios serán cumplidos.

*Si nos humillamos, los propósitos de Dios serán cumplidos.*

Cuando mi primera esposa Lidia y yo tuvimos que emigrar de Israel a Inglaterra, estábamos sin hogar; nuestras ocho hijas estaban divididas entre diferentes hogares, y, nosotros nos sentíamos miserables. Aunque Dios habló y dijo: "Humíllense bajo la poderosa mano de Dios". Nos tomó algún tiempo para seguir esta orden, pero los resultados fueron benéficos. Cuando las cosas van mal y nuestros deseos no son cumplidos, debemos humillarnos. Debemos reconocer la justicia de Dios y pedirle que nos muestre el camino de la obediencia.

Job 7:17–18 es un pasaje maravilloso de las Escrituras dirigido al Señor: *"¿Qué es el hombre para que lo engrandezcas, y para que pongas sobre él tu corazón. Y lo visites todas las mañanas, y todos los momentos lo pruebes?"* Debemos pasar por pruebas continuas para determinar si somos fieles y obedientes o rebeldes y desobedientes. Dios nos prueba a cada momento y nos visita todas las mañanas. Debemos permanecer abiertos a Su guía.

## Cuatro cambios necesarios

Las palabras de Juan el Bautista preparando el camino para Jesús citando a Isaías 40:3–5 prueban un acercamiento apropiado a este tópico:

> *Voz que clama en el desierto: Preparad camino a Jehová; enderezad calzada en la soledad a nuestro Dios. Todo valle sea alzado, y bájese todo monte y collado; y lo torcido se enderece, y lo áspero se allane. Y se manifestará la gloria de Jehová, y toda carne juntamente la verá; porque la boca de Jehová ha hablado.*

Así como Juan el Bautista habló estas palabras en preparación a la primera venida de Jesús, creo que Dios nos habla estas palabras para prepararnos para el regreso de Jesús. Este pasaje termina con la promesa de que la gloria del Señor será revelada y toda carne le verá. ¿Cómo preparamos el camino del Señor? Debemos derribar las barreras que nosotros levantamos para resistir el propósito y el plan de Dios.

*Dios nos prueba en todo momento y nos visita todas las mañanas.*

Cuatro cambios deben ocurrir, ilustrados por el paisaje del texto: (1) Todo valle será exaltado; (2) toda montaña y colina será derribada; (3) los lugares torcidos serán enderezados; (4) los lugares ásperos serán allanados. Lo que está bajo debe levantarse; lo que está alto debe reducirse. Nuestra extravagancia y exageración, nuestro auto-engrandecimiento y jactancia, deben cesar; debemos practicar la humildad. Nuestra auto-exaltación y auto-promoción difícilmente acelerarán la llegada de Dios. Él recompensará virtudes que la sociedad contemporánea parece despreciar: la modestia, la castidad, la humildad y el servicio.

Cualquier cosa torcida en nuestras vidas debe ser enderezada. Los lugares ásperos deben ser allanados. Nuestro egoísmo, nuestra tendencia a reaccionar con resentimiento cuando las cosas van contra lo que preferimos, nuestras argumentaciones— deben ser allanados.

## Preparándose para ser útil a Dios

A medida que sufrimos las pruebas—personalmente como individuos, colectivamente como iglesia—Dios nos prepara para recibir la revelación de Su gloria, la cual ocurre porque Su Palabra lo dice así, y, Él es fiel para cumplir Su Palabra. Su gloria será revelada sólo por medio de aquellos que han reunido Sus condiciones— condiciones establecidas en el pasaje de las Escrituras citado arriba.

*Debemos elegir ser canales de la gloria de Dios.*

Yo creo que Dios está obrando para traer el cumplimiento de este pasaje. Más específicamente, Él está obrando para hacerlo realidad en la iglesia de esta nación. Debemos elegir ser o canales para Su gloria o montañas que se le oponen. Un tiempo de prueba está se nos avecina. De hecho, ya ha comenzado en las vidas de muchos a quienes Dios ha justificado con pruebas y tribulaciones.

Dios nunca utiliza nada o a nadie sin una prueba inicial, por lo que si queremos ser útiles en Su reino, debemos esperar experimentar y pasar la prueba. Resolvamos perseverar por medio de las pruebas, manteniendo en mente las bendiciones que seguirán si ganamos el grado. No debemos perder la determinación ni salirnos de la carrera, sino que debemos esperar las pruebas y confiar que por medio de la gracia de Dios las pasaremos.

# LA VIDA CRISTIANA EN LA PRESENTE ERA PERVERSA

En los últimos dos capítulos aprendimos cómo evitar ser susceptibles al engaño mediante la práctica de una serie de protecciones contra las artimañas de Satanás y preparación para ser usados por Dios en los tiempos en que vivimos. La máxima protección contra el engaño ocurrirá cuando Jesús vuelva otra vez, Su reino regirá sobre toda la tierra, y Satanás será echado fuera para siempre. Como aprenderemos, la Biblia describe el período de la historia humana que conduce a este tiempo como al *"presente siglo malo"* (Gálatas 1:4). Esta es la era en la que estamos viviendo actualmente. En nuestros capítulos finales, aprenderemos más acerca de la naturaleza de la presente era, como terminará con el regreso de Cristo, y como debemos permanecer fieles a Dios hasta la alborada de este día.

## ¿Somos diferentes?

Hasta que el final de esta era llegue, nosotros debemos esperar el regreso de Cristo y debemos también resistir el engaño. ¿Cuántos de nosotros estamos realmente preparados para el final? Me temo que un gran número de personas en Estados Unidos que dicen ser cristianos nacidos de nuevo están dejando, lamentablemente, una pobre impresión. Cuando Juan el Bautista presentó a Jesús y el Evangelio, dijo: *"Y ya también el hacha está puesta a la raíz de los árboles"* (Mateo 3:10; Lucas 3:9).

Cuando Dios trata con una situación, Él no se molesta con las ramas o el tronco. No, Él va directo a la raíz. Cuando usted trata con la raíz, ya no tiene problemas con el árbol que crece de ella.

Alguien me dio una publicación producida por una respetable firma de investigación de mercadeo. La publicación no tenía temas espirituales o religiosos; su único interés eran dólares y centavos. La investigación de esta publicación no trataba con otra cosa más que: "Cómo alcanzar a los cristianos nacidos de nuevo". Hacía preguntas tales como estas: ¿Qué debe hacer uno para vender productos a los cristianos? ¿Cómo puede usted persuadirlos a que compren? Después de todo, los llamados cristianos nacidos de nuevo comprenden un significativo sector del mercado de compras".

A medida que leía este informe económico, el cual constaba de unas cuatro páginas, yo pude decir que el analista había pasado un tiempo significativo cerca de los cristianos nacidos de nuevo. Él sabía exactamente de lo que estaba hablando.

El último mensaje del informe económico es que no hay una diferencia significativa entre los consumidores cristianos nacidos de nuevo y los otros que no son de esta categoría. El hacer distinciones era negligente, de acuerdo a la investigación, las conclusiones y el consejo de este observador secular altamente calificado.

## Una conclusión perturbadora

Esta realidad debe ser perturbadora para nosotros. Como cristianos debemos estar en el mundo, pero el mundo no debe estar en nosotros (Véase Juan 17:14-16). ¿No deben nuestras pasiones, prácticas y propósitos marcarnos como radicalmente diferentes de las personas que no profesan nuestra fe, gente que ama al mundo y piensa que nada existe más allá de él?

Una sencilla ilustración nos da un vivo paralelo a nuestra situación: un barco en el mar está bien; el mar dentro del barco está mal. De la misma manera, la iglesia en el mundo está bien; el mundo dentro de la iglesia está mal. Si hay demasiado mar dentro del barco, el barco se hundirá. Yo creo que el barco de la iglesia hoy está tan cerca de hundirse que cada individuo que llega a ser creyente y acepta a Cristo está sacando el agua junto con los demás para mantener la iglesia a flote.

> *Los cristianos deben estar en el mundo, pero no son del mundo.*

Muchos de nosotros venimos a la iglesia con necesidades. Si nosotros nos enfocamos solamente en nuestras necesidades, nunca llegaremos a terminar con ellas; en vez de eso, viviremos con ellas para siempre. Algo debe liberarnos de un enfoque miope de nuestras necesidades, arrastrándonos más allá del reino de: "Necesito, quiero, ayúdenme, oren por mí, bendíganme". Mientras vivamos en tales situaciones, permaneceremos esclavizados por ellas. Necesitamos movernos más allá del enfoque del pasado egocéntrico para poder así adquirir la sabiduría de Dios.

Una vez oí a alguien definir la sabiduría como "viendo las cosas desde la perspectiva de Dios". En muchos casos, el cristianismo es parecido a la creencia que tenían los astrónomos acerca del sistema solar en los días antes de Galileo. Los primeros pensadores como Aristóteles y Ptolomeo propusieron un modelo geocéntrico del universo: la tierra era el centro del sistema solar, y, el sol daba vueltas alrededor de ella. Esta percepción permaneció hasta que el astrónomo italiano Galileo la derribó con el modelo heliocéntrico. Este panorama incurrió en el reproche inmediato—de la Iglesia Católica, nada menos—y Galileo fue obligado a retractarse y puesto bajo arresto domiciliario por la Inquisición.

Muchos cristianos de hoy son espiritualmente como el modelo del universo aristoteliano—pensamos con frecuencia que Dios da vueltas alrededor de nosotros, que Jesucristo, Su Hijo, se levanta y se ubica alrededor de nosotros. Nosotros somos la tierra—centrada y ego centrada. Yo creo que necesitamos de una revolución espiritual para movernos de Aristóteles a Galileo, al punto donde entendamos que el Hijo no gira alrededor nuestro. Sino que nosotros giramos alrededor del Hijo.

El máximo propósito de todo lo que existe no está relacionado con nosotros, está relacionado con Dios, quien es el principio y el fin. El mundo no puede reconocer esta verdad, pero nosotros como cristianos, la reconocemos, y debemos reflejar la centralidad de Dios de la manera en que vivimos.

Yo creo que la iglesia necesita una revolución total. Dios recuerda la fidelidad de los antepasados del pueblo estadounidense. Pienso que esta generación ha agotado toda su herencia espiritual y que es tiempo de que Dios reciba una restitución de Su inversión.

## Este mundo se está acabando

Miremos una vez más un pasaje en el libro de Gálatas, donde Pablo escribió:

*Gracia y paz sean a vosotros, de Dios el Padre y de nuestro Señor Jesucristo, el cual se dio a sí mismo por nuestros pecados para librarnos del presente siglo malo, conforme a la voluntad de nuestro Dios y Padre.* (Gálatas 1:3–4)

¿Entendemos nosotros por qué es imperativo para nosotros ser liberados de esta presente era perversa? Nuestra liberación ya está tomando lugar, pero debemos asegurarnos de nuestro llamamiento (Véase 2 Pedro 1:10). No pertenecemos a esta era; pertenecemos a la era que sigue. Consideremos las solemnes verdades escritas en Hebreos 6:4–6:

*Porque es imposible que los que una vez fueron iluminados y gustaron del don celestial, y fueron hechos partícipes del Espíritu Santo, y asimismo gustaron de la buena palabra de Dios y los poderes del siglo venidero, y creyeron, sean otra vez renovados para arrepentimiento, crucificando de nuevo para sí mismos al Hijo de Dios y exponiéndose al vituperio.*

Este pasaje suscita muchos asuntos teológicos, pero yo en lo personal, creo lo que él dice. Es posible llegar a un punto donde uno pierde cualquier esperanza futura en Cristo. Pienso que esto se aplica no solamente a los reincidentes, sino también a las personas que se alejan y niegan a Jesucristo incluso después de haberlo conocido, tratándolo irreverentemente.

*Lo que nosotros llamamos sobrenatural en esta era, será natural en la era venidera.*

Este pasaje habla de personas que tuvieron varias experiencias. Habían sido iluminados. El Espíritu Santo les había mostrado la verdad. Ellos habían gustado del don celestial (que es el don de la vida eterna en Jesucristo). Habían sido partícipes del Espíritu Santo. Por medio de la fe en Jesús, ellos habían recibido el Espíritu Santo. Habían gustado de la Palabra de Dios y habían conocido Su verdad, Su realidad y Su poder para alimentar y sustentar.

Luego este pasaje menciona *"los poderes del siglo venidero"*. Cuando somos bautizados con el Espíritu Santo, nosotros empezamos a gustar una pequeña parte de lo que será normal en la siguiente era. Lo que nosotros llamamos sobrenatural en esta era será natural en la era venidera. Dios nos da un anticipo para que tengamos una idea de como será.

## Una entrada abundante

Debido a este anticipo, nosotros no deberíamos esperar que la experiencia de pasar el tiempo y movernos hacia la eternidad sea completamente extraña. En esta segunda epístola Pedro escribió acerca de tener una entrada abundante en el reino de Dios:

*Por lo cual, hermanos, tanto más procurad hacer firme vuestra vocación y elección; porque haciendo estas cosas, no caeréis jamás. Porque de esta manera os será otorgada amplia y generosa entrada en el reino eterno de nuestro Señor y Salvador Jesucristo.* (2 Pedro 1:10–11)

¡Qué deseable manera de entrar en la eternidad! Escuché una historia de una mujer que iba a una reunión de oración donde el ministro estaba enseñando a los que estaban reunidos a elevar oraciones proféticas el uno para el otro. Alguien oró que esta mujer vería la iglesia como Jesús la ve; después, dondequiera que alguien mencionaba la palabra *iglesia*, ella estallaba en lágrimas. Pienso que la oración del hombre que oró fue contestada.

*Jesús regresará por una novia, una iglesia.*

Un día yo manejaba por una ciudad y estaba particularmente conmocionado por la cantidad de iglesias por las que pasé. ¿Es esto lo que Dios quiere? Yo no lo creo así. Jesús no es un bígamo; Él no regresará más que por una novia. Él no viene por una Iglesia Católica o una Iglesia Protestante o una Iglesia Carismática.

La línea divisoria entre la verdadera y la falsa iglesia, al final de esta era, no será determinada por el hablar en lenguas. Sino que será un asunto de fidelidad al Novio. ¿Hemos sido fieles o infieles? Como ya lo hemos discutido en capítulos anteriores, seremos la novia—miembros de la verdadera iglesia—o la ramera—miembros de la falsa iglesia. No existen alternativas.

## Evitando conformarse a este mundo

La Biblia enseña claramente que no debemos conformarnos a la presenta era. En Romanos 12:2, Pablo escribió: *"No os conforméis a este siglo, sino transformaos por medio de la renovación de vuestro entendimiento, para que comprobéis cuál sea la buena voluntad de Dios, agradable y perfecta".*

Mientras pensemos de la misma manera que piensa esta era, no podremos discernir la voluntad de Dios para nuestras vidas. Muchos cristianos han sucumbido, preguntándose lo que Dios tiene guardado para ellos. Ellos fracasan en encontrarlo porque piensan de la manera que el mundo piensa. Ellos comparten los valores, los motivos, las prioridades y las normas del mundo. Dios no revela Su voluntad a tales mentes.

### Egocentrismo

La mente natural es egocéntrica. Ésta siempre pregunta: "¿Qué voy a obtener de esto? ¿Qué hará esto por mí? ¿Qué dirá la gente de mí? Por otro lado, la mente renovada está centrada en Dios. Ella siempre pregunta: "¿Le agradará esto a Dios? ¿Glorificará esto a Él? ¿Expandirá esto el reino de Dios?"

Mientras permanezcamos egocéntricos, somos prisioneros de nosotros mismos. Adoptar una mente centrada en Dios nos libera de la esclavitud del egoísmo y nos permite buscar la gloria de Su reino.

He aconsejado a muchas personas que requerían frecuente liberación. ¿Sabe qué descubrí? La gente que tiene numerosos y persistentes problemas con demonios son típicamente egocéntricos. Ellos arrojarán sus problemas sin darse cuenta que, al hacerlo así, están construyendo los barrotes de sus propias jaulas. Su problema principal es el egocentrismo.

Este asunto también ha causado el rompimiento de muchos matrimonios entre los que se hacen llamar cristianos. Cuando dos esposos son egocéntricos, sus matrimonios no pueden permanecer, pues ambos preguntan: "¿Qué puedo sacar de esto? ¿Qué hará mi esposo/esposa por mí?" Al hacer estas preguntas, ellos fallan en reunir las condiciones para un matrimonio cristiano exitoso. Los matrimonios cristianos empiezan con una vida recostándose en un compañero. Este auto-sacrificio debe ser mutuo. Muchos matrimonio de cristianos—aun de pastores cristianos—están rompiéndose por causa de la presencia del mundo dentro de la iglesia.

*El auto-sacrificio en el matrimonio debe ser mutuo.*

## Preocupaciones

En la parábola del sembrados en el libro de Mateo, leemos: *"El que fue sembrado entre espinos, éste es el que oye la palabra, pero el afán de este siglo y el engaño de las riquezas ahogan la palabra, y se hace infructuosa"* (Mateo 13:22). Aprendemos aquí que una característica de esta era es que nos imprime afanes y preocupaciones.

No obstante, estas preocupaciones, algunas veces insignificantes, son significativas porque pueden alejarnos de estar listos para encontrar al Señor. En Lucas 21:34, Jesús dijo: *"Mirad también por vosotros mismos, que vuestros corazones no se carguen de glotonería y embriaguez y de los afanes de la vida"*. Tales afanes controlan nuestra atención y distraen nuestro enfoque, impidiendo que estemos preparados para la próxima era.

Permítanme decirles, queridos hermanos y hermanas, que si estamos totalmente preocupados, es porque estamos viviendo en la era equivocada. Esta era está repleta de preocupaciones; la próxima era está desprovista de ellas. Uno no puede dejar de preocuparse cuando vive en la era equivocada. Resulta interesante observar que aun los frutos de la tecnología—cosas como las computadoras, que fueron inventadas para hacer más fácil la vida—tienden a complicar la vida y se suman a nuestras preocupaciones.

Cuando fui misionero en África, Iris Sheehan, una de mis compañeras misioneras, dirigía una escuela para niñas. Iris era una misionera trabajadora y creía tener el mejor equipo, incluyendo una lavadora y secadora eléctrica de ropa. Sus estudiantes le decían: "Señorita Sheehan, usted debe tener una vida tan fácil al tener una lavadora y secadora eléctrica". Estas muchachas no se podían imaginar como alguien con tales conveniencias modernas podía tener preocupaciones. ¿Cuántos de ustedes saben mejor que eso?

*Si estamos llenos de preocupaciones, estamos viviendo en la era equivocada.*

Los bienes materiales no reducen nuestras preocupaciones, a pesar de estar diseñadas para hacerlo así. No estoy opuesto a ellos, pero sostengo que si queremos estar libres de preocupaciones debemos vivir en una era diferente. Debemos saber experimentalmente lo que significa haber sido libertados de *"este presente siglo malo"* (Gálatas 1:4).

## Reglas frívolas e insignificantes

En mi experiencia con la tradición Pentecostal, llegué a estar íntimamente familiarizado con sus grupos de reglas: los vestidos que usted no debe ponerse, lugares a donde no debe ir.

Muchas personas que guardan estas reglas todavía reaccionan a situaciones que el mundo crea. Aunque ellos han cambiado un poco en detalles externos menores, tales como la moda y los pasatiempos, su manera de pensar no ha cambiado en lo más mínimo.

Cuando Dios cambia a alguien, Él no empieza por lo exterior, dando órdenes para quitar el maquillaje o llevar vestidos largos. En vez de eso, Él empieza por lo interior, cambiando la manera de pensar. Una vez que Él cambia nuestro pensamiento, no tiene que preocuparse de nuestra conducta; ésta se alineará naturalmente con nuestro pensamiento.

Colosenses 2:13–15, dice:

*Y a vosotros, estando muertos en pecados y en la incircunci-sión de vuestra carne, os dio vida juntamente con Él, perdo-nándoos todos los pecados, anulando el acta de los decretos que había contra nosotros, que nos era contraria, quitándola de en medio y clavándola en la cruz, y despojando a los principados y a las potestades, los exhibió públicamente, triunfando sobre ellos en la cruz.*

¿Cuál fue el código escrito, o el *"acta de los decretos"*, con sus regulaciones? La ley. Si usted estudia el libro de Gálatas, encontrará que por causa de que los cristianos en Galacia habían perdido la visión de la cruz, ellos regresaron a los rudimentos de la ley (o al menos lo intentaban). Pablo les preguntó: *"¿Tan necios sois? ¿Habiendo comenzado por el Espíritu, ahora vais a acabar por la carne?"* (Gálatas 3:3).

Esto es lo que le sucede a los cristianos que pierden la visión de la cruz. Ella describe la historia de la iglesia, así como la historia de casi toda denominación en la iglesia. Ellos empezaron en el Espíritu, perdieron la visión de la cruz, dejaron de creer en lo sobrenatural y regresaron al sistema de reglas y regulaciones.

Nosotros que somos tan "espirituales" decimos que no estamos bajo la Ley de Moisés; sin embargo, persistimos en crear nuestras pequeños reglas ridículas. Los bautistas tienen un grupo de leyes, los pentecostales tienen otras, los católicos tienen otras. Ningún grupo de reglas puede hacernos justos ante Dios. El cristianismo no es fijar reglas, sino una relación personal con el Señor.

Me temo que la mayoría de los cristianos en Estados Unidos no entienden que el cristianismo no está en fijar leyes. ¿Cómo ha sucedido esto? La Cruz y lo que ella conlleva ha sido olvidado. Una vez que perdemos la visión de la Cruz, realmente hemos perdido todo. No podemos perder nuestra salvación, pero experimentalmente perdemos la habilidad de disfrutar lo que Dios ha provisto para nosotros.

*Decimos que no estamos bajo la Ley de Moisés, sin embargo, persistimos en crear nuestras ridículas leyes.*

El punto crítico del mensaje del Evangelio es que las personas no pueden alcanzar la justicia por medio de guardar un grupo de reglas. Dios ha escrito las reglas. Como escribió Pablo en Romanos 10:4: *"Porque el fin de la ley es Cristo, para justicia a todo aquel que cree"*. La ley no hace diferencia en si usted es protestante o católico, judío o gentil. Debemos entender que Cristo no es el fin de la ley, pues la ley se relaciona a la Palabra de Dios o a la cultura e historia de Israel, o como revelación de la sabiduría de Dios. Sin embargo, Cristo es el fin de la ley en lo que respecta la justicia. Si nosotros tratamos de alcanzar la justicia siguiendo un grupo de reglas, le estamos diciendo a Jesús: "Tú moriste en vano. No necesitabas morir". ¡Eso es algo terrible de hacer!

Por medio de la muerte de Jesús, Dios hizo provisión por nuestros pecados—pecados pasados, presentes y futuros. Todos nuestros pecados pasados están perdonados, pero aun eso no es suficiente. Podemos tener perdonados nuestros pecados y todavía no alcanzar la vida eterna.

Yo crecí en la Iglesia Anglicana y aprecio tremendamente el libro de oraciones que usábamos en los servicios semanales. Cada domingo por la mañana debíamos proclamar la Confesión General, que decía: "Perdónanos, ofensores miserables. Hemos pecado y descarriado de Tus caminos como ovejas negras. Hemos hecho aquello que no debimos haber hecho y hemos dejado de hacer aquello que debíamos haber hecho".

Yo no tenía dificultad en reconocer esa verdad con el resto de la congregación. Pero más tarde, especialmente cuando era adolescente, mi problema era que cuando yo salía del edificio después del servicio de la iglesia, yo seguía haciendo las mismas cosas por las que le había pedido perdón a Dios. Es esencialmente insultar a Dios el confesar pecados, pedirle perdón y luego decirle: "El hecho es que, Dios, yo voy a continuar cometiendo los mismos pecados que Tú has perdonado". Por años rehusé sentirme como un verdadero "miserable ofensor" hasta que Dios me convenció.

> *La gente no podía venir completamente a Dios, sino hasta que la ley no fue puesta a un lado.*

La gente no podía venir completamente a Dios y vivir en Su favor, sino hasta que la ley fue puesta a un lado. Cada vez que alguien intentara hacer lo correcto, Satanás negaría la validez del intento, citando todas las reglas que la persona había roto entretanto. Es asombrosa la cantidad de cosas que uno tendría que hacer para guardar la ley. Ninguno de nosotros puede lograrlo exitosamente. El secreto de la Cruz es que Jesús abolió la ley como un requisito para alcanzar la justicia con Dios. ¡Gracias, Dios!

Ahora ando en los caminos de Dios, aunque con frecuencia tropiezo; tengo muchas debilidades y problemas. No necesito preocuparme tanto mientras continúe creyendo, aunque, por mi fe sea reconocido como justicia (Véase Romanos 4). Mientras permanezca en la fe, Dios dice: "Te tomaré como mi responsabilidad".

Estoy particularmente impresionado por el intercambio entre Jesús y Pedro en la "Última Cena", cuando Jesús le dijo a Pedro que Le negaría tres veces. Jesús le dijo a Pedro: *"Yo he rogado por ti"* (Lucas 22:32). Él no le dijo: "He orado por ti para que no Me niegues". En vez de eso, Jesús le dijo

*Somos considerados justos por nuestra fe.*

a Pedro: "He rogado por ti para que tu fe no falte. Aun si Me niegas, si no pierdes tu fe, Yo te voy a recuperar" (Véase el versículo 32). ¿No es ésta una noticia maravillosa? Nuestra fe se nos cuenta por justicia. Somos considerados justos en la medida en que creemos en Aquel que dio a Jesús para morir por nuestras ofensas y que Lo levantó de entre los muertos para nuestra justificación.

Siento un suspiro de alivio interior cada vez que pienso acerca de esta verdad. Agradezco a Dios que no tengo que guardar toda clase de reglas ridículas. Hay un lugar para reglas; no me mal entiendan. Cada iglesia tiene derecho a poner sus propias reglas por medio de las cuales sus miembros deben vivir. Si usted es miembro de una iglesia, tiene la obligación de cumplir con las reglas de su iglesia particular. Pero, nosotros no alcanzamos la justicia con Dios por cumplir con un grupo de reglas.

El problema con los cristianos es que cada grupo tiene su propio grupo de reglas y se consideran justos cuando cumplen esas reglas, condenando a los otros que no las guardan.

### El amor al mundo

Un problema final en nuestro trato con la presente época se discute en 2 Timoteo. Pablo instruyó a Timoteo: *"Procura venir pronto a verme, porque Demas me ha desamparado, amando este mundo, y se ha ido a Tesalónica"* (2 Timoteo 4:9–10).

¿Cuál fue el problema de Demas? Él amaba la presenta época. De dos epístolas adicionales nos damos cuenta que Demas había sido un colaborador de confianza del apóstol Pablo y que había estado con él a través de muchas situaciones. Pablo claramente ignoraba esta imperfección del carácter, por lo que estaba un poco sorprendido de saber del amor de Demas por este mundo.

*El amor a la presente era es una imperfección del carácter.*

Probablemente Demas tenía una larga lista de razones para separarse de la compañía de Pablo: Pablo estaba volviéndose viejo y debilitándose; estaba en la cárcel; los días cuando él agitaba ciudades enteras con sus sermones habían pasado. Uno de sus más cercanos socios, Trófimo, estaba enfermo, y Pablo lo había dejado en Mileto, incapaz incluso de orar por él para que recobrara la salud. Según las normas mundanas, Pablo estaba fracasado. La medida de Demas estaba de acuerdo a las normas del mundo, concluyendo: "Este es un barco hundiéndose; mejor salto mientras puedo".

No debería suponer que, habiendo partido en compañía con Pablo, Demas entró en una vida de pecado. Él no andaba persiguiendo prostitutas y frecuentando los bares. Él sólo quería una clase de vida más segura y razonable. Su error no fue el que nosotros típicamente predicamos en contra. Si hubiera sido un deplorable pecador, Pablo no lo habría mantenido como su compañero en la obra. Una de las faltas de Demas fue su amor por la presente era, algo que había estado latente por años.

¿Podría ser que alberguemos el mismo amor, que tengamos la misma falta? Es notable lo que las personas pueden obtener con el mundo de hoy, pero lo que el mundo acepta, Dios lo rechaza. Vendrá un tiempo en cada vida cuando todos seremos probados y pasaremos, asumiendo que no tendremos esta fatal debilidad de un amor por la presente era.

No debemos condenar a Demas a menos que estemos absolutamente seguros que nosotros no habríamos hecho lo mismo que él hizo. Supóngase que pudiéramos estar con Pablo. Él está en prisión; está maniatado; está haciendo un frío invernal... ¿lo hubiéramos desertado a él también nosotros? Creo que si no practicamos diariamente el someter nuestras vidas, no las entregaríamos cuando el momento crucial llegue. Aquellos que llevan vidas auto-complacientes y egocéntricas en la actualidad, no serán capaces de tomar la decisión correcta cuando el momento final llegue.

# LOS CRISTIANOS ESTÁN EN DESACUERDO CON EL MUNDO

E l mundo no reconoce a Jesús o a Sus discípulos. Como lo asegura Juan 1:10: *"En el mundo estaba* [Jesús], *y el mundo por él fue hecho; pero el mundo no le conoció".* ¿Por qué el mundo no conoció a Jesús? Porque sus ojos habían sido cegados por Satanás.

En 1 Juan 3:1, leemos: *"Mirad cuál amor nos ha dado el Padre, para que seamos llamados hijos de Dios; por esto el mundo no le conoce, porque no le conoció a él".* Si el mundo no conoce a nuestro hermano mayor, Jesús, menos que conozca a los otros miembros de Su familia.

No debemos preocuparnos si el mundo no nos conoce. El mundo tampoco lo conoce a Él. De hecho, deberíamos preocuparnos si el mundo piensa demasiado bien de nosotros. Si así fuera, podríamos estar en peligro.

## Odiado por el mundo

La siguiente declaración va más allá, diciendo que el mundo en realidad odia a Jesús y los que le siguen. En Juan 15, Jesús le dijo a Sus discípulos:

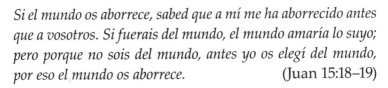

*Si el mundo os aborrece, sabed que a mí me ha aborrecido antes que a vosotros. Si fuerais del mundo, el mundo amaría lo suyo; pero porque no sois del mundo, antes yo os elegí del mundo, por eso el mundo os aborrece.* (Juan 15:18–19)

Fíjese que en el versículo 19, la frase *"el mundo"* ocurre cinco veces. Jesús debe haber dado importancia a lo que estaba diciendo.

En Juan 17:14, Jesús oró por Sus discípulos diciendo: *"Yo les he dado tu palabra; y el mundo los aborreció, porque no son del mundo, como tampoco yo soy del mundo"*.

Hermanos y hermanas, no debemos preocuparnos si el mundo nos aborrece. En vez de eso, debemos alentarnos, pues si el mundo nos amara como a ellos mismos, nosotros perteneceríamos a una mala compañía. No quiero decir que sugiero que vayamos buscando persecuciones, me refiero a que debemos ser realistas. Tarde o temprano, el mundo nos odiará.

## Espíritus opuestos

El Espíritu de Dios y del mundo están en completo desacuerdo el uno con el otro. Primera de Corintios 2:11, dice: *"Porque ¿quién de los hombres sabe las cosas del hombre, sino el espíritu del hombre que está en él? Así tampoco nadie conoció las cosas de Dios, sino el Espíritu de Dios"*. La única fuente de revelación de las cosas de Dios es el Espíritu Santo.

Pablo continúa en el versículo 12: *"Y nosotros no hemos recibido el espíritu del mundo, sino el Espíritu que proviene de Dios, para que sepamos lo que Dios nos ha concedido"*. No es el espíritu del mundo, sino el Espíritu de Dios el que nos da a conocer a nosotros las cosas de Dios. El espíritu del mundo y el Espíritu de Dios son opuestos.

Una vez yo tuve un problema cuando trataba con unas personas carismáticas y agradables. Ellas me querían. Ellas creían en la Biblia y no llevaban una vida de pecado. Pero cuando empecé a ministrarles en ciertas áreas, encontré una fuerza invisible en contra mía. La presión de esta fuerza era tremenda y casi dolorosa físicamente. Aunque estas personas eran creyentes, ellas tenían poco alcance de la verdad. Yo pensé: *¿Con qué estoy tratando?*

Dios me mostró la respuesta en 1 Corintios 2:11—yo estaba tratando con el espíritu del mundo. Aún en estas buenas personas reinaba el espíritu del mundo. Ellas tenían poco tiempo para Dios y para la oración; pasaban más tiempo viendo televisión que leyendo la Biblia. Les faltaba voluntad para hacer cualquier sacrificio importante, ellas siempre pusieron su propia conveniencia antes de las cosas de Dios.

*El espíritu del mundo puede incluso controlar a las personas religiosas.*

Mis ojos se abrieron para comprender que usted puede ser tan religioso como le plazca, pero el espíritu del mundo aun puede controlarlo. Mi esposa y yo decidimos orar por estas personas, y, mientras lo hacíamos, las cosas comenzaron a mejorar.

En 1 Corintios 2:13, leemos: *"De lo cual también hablamos, no con palabras enseñadas por sabiduría humana, sino con las enseñadas por el Espíritu combinando pensamientos espirituales con palabras espirituales"*. Este versículo es significativo. Ninguna disciplina humana—tales como la filosofía, la psicología o la psiquiatría—reconocen la realidad del Espíritu. Pero el hombre es espíritu, alma y cuerpo. Cualquier intento para clasificar al hombre, intento que excluya la realidad del espíritu, distorsiona la verdad.

Cuando oigo a predicadores citar a famosos psicólogos, algunas veces temo lo que ellos dirán. La Palabra de Dios no necesita ser respaldada por psicólogos o psiquiatras. Ella hace su propia obra. La Palabra de Dios es viva, poderosa y más cortante que toda espada de dos filos. Ella divide el alma del espíritu. De hecho, esa es la única cosa que puede hacer.

Hebreos 4:12, dice:

*Porque la palabra de Dios es viva y eficaz, y más cortante que toda espada de dos filos; y penetra hasta partir el alma y el espíritu, las coyunturas y los tuétanos, y discierne los pensamientos y las intenciones del corazón.*

## El Espíritu de Dios es más grande

La buena nueva es que el Espíritu de Dios en los creyentes es más grande que el espíritu del mundo. ¡Aleluya! Primera de Juan 4:1–6, dice:

*Amados, no creáis a todo espíritu, sino probad los espíritus si son de Dios; porque muchos falsos profetas han salido por el mundo. En esto conoced el Espíritu de Dios: Todo espíritu que confiesa que Jesucristo ha venido en carne, es de Dios; y todo espíritu que no confiesa que Jesucristo ha venido en carne, no es de Dios; y este es el espíritu del anticristo, el cual vosotros habéis oído que viene, y que ahora ya está en el mundo. Hijitos, vosotros sois de Dios, y los habéis vencido; porque mayor es el que está en vosotros, que el que está en el mundo. Ellos son del mundo; por eso hablan del mundo, y el mundo los oye. Nosotros somos de Dios; el que conoce a Dios, nos oye; el que no es de Dios, no nos oye. En esto conocemos el espíritu de verdad y el espíritu de error.*

"*El que está en vosotros*" es el Espíritu Santo. El espíritu del mundo es el espíritu del Anticristo. ¡Gracias a Dios que estamos del lado ganador! Aunque no creo que vayamos a dominar al mundo, tampoco creo que no seremos derrotados por Satanás. La gente mundana oye el espíritu de este mundo. Nosotros debemos presentar la verdad en el poder del Espíritu Santo, pero no debemos hacerle frente al mundo en sus mismos términos.

Permítanme ilustrar haciendo una pregunta importante en relación con la iglesia y Hollywood. ¿Cuál ha ejercido más influencia sobre la otra? ¿Ha influenciado la iglesia a Hollywood, o Hollywood ha influenciado a la iglesia?

En Hollywood encontramos el espíritu del mundo. Este espíritu abarca el espíritu de competencia—grandes juegos y titulares. Si miramos cualquier periódico en la página donde las iglesias anuncian sus servicios dominicales, usted verá que muchas de estas iglesias hacen afirmaciones en el espíritu de la competencia, tales como: "Nosotros tenemos el coro más grande" o "Tenemos al mejor predicador". Esta afirmación competitiva exhibe el espíritu del mundo.

*Muchas de estas iglesias hacen afirmaciones en el espíritu de la competencia.*

Nosotros estamos tratando de enfrentarnos al mundo bajo sus mismos términos y no deberíamos hacerlo. No debemos doblegarnos ante el mundo.

Cuando dejemos de impresionarnos por lo que el mundo piensa, y, cuando dejemos de adherirnos a las normas y valores del mundo, entonces dejaremos de ser esclavos del mundo. ¡Qué experiencia más liberadora! En vez de trabajar para agradar al mundo, podemos vivir para agradar a Dios. Ahora, yo no aconsejo que se salgan de su camino para ofender a las personas; creo que debemos ser afables, discretos y humildes, pero no doblegarnos al dios de este mundo.

## Centrándose en lo eterno

Como leemos en 1 Corintios 2:12–14, el Espíritu de Dios revela las cosas de Dios. Pero, el espíritu del mundo ridiculiza las cosas de Dios, las cuales son necedades para cualquiera que carece del Espíritu. En Juan 16:13–14, Jesús dijo que cuando el Espíritu de verdad viniera: *Él me glorificará"*. Esto es una prueba segura de si el Espíritu Santo está obrando. ¿Está el movimiento o el método que hemos considerado glorificando a Jesús? Si no lo está, podemos estar seguros de que no es el Espíritu de Dios.

El espíritu del mundo se fija en el hombre, preparando al mundo para el Anticristo. La filosofía del humanismo abastece su enfoque en el hombre; ésta sostiene que el hombre es la medida de todas las cosas y que nada existe que sea superior al hombre, colocando al hombre como un dios.

> *El Espíritu Santo fija nuestras mentes en la eternidad.*

Hebreos 9:14, dice: *"Cristo, el cual mediante el Espíritu eterno se ofreció a sí mismo sin mancha a Dios"*. El Espíritu Santo es el *"Espíritu eterno"*. La palabra griega para este término significa espíritu de todas las edades, un espíritu que no está limitado o atado por el tiempo.

Pablo escribió:

*Porque esta leve tribulación momentánea produce en nosotros un cada vez más excelente y eterno peso de gloria; no mirando nosotros las cosas que se ven, sino las que no se ven; pues las cosas que se ven son temporales, pero las que no se ven son eternas.* (2 Corintios 4:17–18)

El Espíritu eterno revela cosas eternas. Él fija nuestras mentes en la eternidad—en los asuntos verdadero, permanentes de vida y muerte. Por otro lado, el espíritu de este mundo, enfoca nuestras mentes en las cosas del tiempo, las cuales sólo duran temporalmente. El espíritu de este mundo no quiere reconocer que existe algo más allá de nosotros. El mundo le tiene miedo a esta idea.

En Juan 16:8, Jesús dijo *"Y cuando él* [el Espíritu de verdad] *venga, convencerá al mundo de pecado, de justicia y de juicio.* Estas realidades eternas—pecado, justicia y juicio–son las realidades en las cuales se basa la verdadera religión. Al final de nuestras vidas, nosotros rendiremos cuenta a Dios, y, como dice la Biblia: *"Toda injusticia es pecado"* (1 Juan 5:17).

Lo que hayamos hecho es pecaminoso o es justo; no hay categorías alternativas. Como escribió Pablo en 2 Corintios 5:10: *"Porque es necesario que todos nosotros comparezcamos ante el tribunal de Cristo, para que cada uno reciba según lo que haya hecho mientras estaba en el cuerpo, sea bueno o sea malo".* No hay entremedias.

Si hay una expresión que el mundo odia, es la expresión "rendir cuentas". La esencia del humanismo es el rechazo a rendir cuentas y a la responsabilidad personal. Los humanistas niegan la responsabilidad para con todos, sosteniendo que todo es relativo. Nadie tiene que responder a nadie por nada. Pedro describió esta perspectiva cuando escribió acerca de lo que sucederá al final del siglo:

> *Sabiendo primero esto, que en los postreros días vendrán burladores, andando según sus propias concupiscencias, y diciendo: ¿Dónde está la promesa de su advenimiento? Porque desde el día en que los padres durmieron, todas las cosas permanecen así como desde el principio de la creación.*   (2 Pedro 3:3–4)

Los burladores se mofarán de la promesa del regreso del Señor; esta es la "sabiduría" del mundo.

Segunda de Timoteo 1:7, dice: *"Porque no nos ha dado Dios espíritu de cobardía, sino de poder, de amor y de dominio propio".* El *"poder"* al que este pasaje se refiere no es político, físico o militar; es poder espiritual—poder sobre el mal. El espíritu del mundo es el espíritu de sujeción al mal, pero el Espíritu de Dios trae amor al poder del mal. El espíritu de este mundo trae contiendas, desarmonía y odio. Hebreos 10:29 llama al Espíritu Santo *"Espíritu de gracia"*.

La única manera de que la gracia entre en nuestras vidas es por medio del Espíritu Santo de Dios. El espíritu de este mundo es lo opuesto a la gracia; es el espíritu del esfuerzo carnal, de la gente que lucha, que confían en sí mismas y creen que ellos pueden realizarse por sus propios medios.

*Vencer el mundo también significa no estar corrompido por los deseos mundanos.*

En resumen, el espíritu de este mundo, el *"espíritu de error"* (1 Juan 4:6), se opone rotundamente al Espíritu de Dios, el Espíritu de verdad. El Espíritu de Dios revela las cosas de Dios—verdades de las que se mofa y vitupera el espíritu de este mundo. El espíritu de este mundo se fija en el hombre, pero el Espíritu de Dios se fija en Cristo Jesús. El Espíritu de Dios convence de pecado, de justicia y de juicio, mientras que el espíritu de este mundo niega el verdadero y duradero significado de estas cosas. Un día, todos nosotros rendiremos cuentas a Dios. Alábelo por habernos hecho justos.

## Evitando la corrupción de la concupiscencia

Como vimos anteriormente, vencer al mundo también significa no ser corrompido por las concupiscencias del mundo. Segunda de Pedro 1:3–4, dice:

*Pues su divino poder* [el poder de Dios] *nos ha concedido todo cuanto concierne a la vida y a la piedad, mediante el verdadero conocimiento de aquel que nos llamó por su gloria y excelencia, por medio de las cuales nos ha concedido sus preciosas y maravillosas promesas, a fin de que por ellas lleguéis a ser partícipes de la naturaleza divina, habiendo escapado de la corrupción que hay en el mundo por causa de la concupiscencia.*

En este pasaje, nosotros aprendemos que no tendremos que pedirle nada a Dios; Él ya nos las ha dado. Todo lo que tenemos que hacer es descubrir las promesas y reclamarlas, pues ellas están allí para ser tomadas. *"Por medio de las cuales* [las promesas de la Palabra de Dios] *lleguéis a ser partícipes de la naturaleza divina* [la naturaleza del mismo Dios] *habiendo escapado de la corrupción que hay en el mundo por causa de la concupiscencia"*.

Nuestro destino divino es llegar a ser partícipes de la naturaleza de Dios y hacerlo más y más. Cuanto más tomemos la Palabra de Dios, más alcanzaremos la naturaleza de Dios, participando así de Su naturaleza. Mientras más participemos de la naturaleza de Dios, menos oportunidad tendremos de corrompernos, pues la naturaleza divina no se puede acomodar a la corrupción; Son completamente incompatibles.

En el Nuevo Testamento la palabra concupiscencia tiene un significado específico: perversión, deseos excesivos. El hombre fue creado solamente con buenos deseos, pero cuando se volvió contra su Creador y se rebeló, estos buenos deseos fueron pervertidos. La gratificación de estos deseos perversos lo lleva a la corrupción.

> *Mientras más participemos de la naturaleza de Dios, menos oportunidad tendremos de corrompernos.*

Si miramos al mundo hoy, vemos que está claramente corrompido por medio de los deseos perversos. La mayoría de personas hacen cosas sin sentido, las cuales destruyen a sus cuerpos. Fumar, por ejemplo. Esta es una concupiscencia. Yo no condeno a la gente que fuma, pero estoy preocupado por ellas porque sólo se están destruyendo ellos mismos. Los deseos perversos traen corrupción—una corrupción práctica, por decirlo así—cáncer del pulmón, cáncer de la lengua, enfisema, para mencionar algunos de sus efectos.

En 1 Juan 2:15, se nos instruye: *"No améis al mundo, ni las cosas que están en el mundo. Si alguno ama al mundo, el amor del Padre no está en él"*. No podemos amar al mundo y al Padre a la misma vez. Este es un asunto de escoger el uno o el otro, porque el amor del mundo y el amor de Dios son individualmente exclusivos. Y el versículo 16, continúa: *"Porque todo lo que hay en el mundo, los deseos de la carne, los deseos de los ojos, y la vanagloria de la vida, no proviene del Padre, sino del mundo"*. De nuevo, el amor del Padre y el amor del mundo son incompatibles.

> No podemos amar al mundo y al Padre a la misma vez.

## Tres aspectos de la concupiscencia

En el versículo 17, leemos: *"Y el mundo pasa, y sus deseos; pero el que hace la voluntad de Dios permanece para siempre"*. El mundo se corrompe por medio de la concupiscencia, tres tipos de las cuales Juan delinea en el versículo 16: los deseos de la carne, los deseos de los ojos y la vanagloria de la vida.

Un análisis de la tentación, tal como se registra en toda la Biblia, muestra que tomas estas tres formas-concupiscencia de la carne, concupiscencia de los ojos o la vanagloria de la vida. La tentación comenzó con Eva cuando Satanás la sedujo para que probara del fruto prohibido. Génesis 3:6, dice: *"Cuando la mujer **vio** que el árbol era bueno para comer, y que era **agradable a los ojos**, y que el árbol era deseable para alcanzar sabiduría, tomó de su fruto y comió; y dio también a su marido que estaba con ella, y él comió"* (el énfasis fue añadido).

El principio del problema de Eva fue que se salió del reino de la fe y entró en el reino de los sentidos. En vez de creer en lo que Dios le había dicho. Ella se dejó guiar por lo que vio. Esto precipitó su caída. La única manera de volver es a la inversa:

renunciando a la guía de los sentidos engañosos y a su vez creer en la Palabra de Dios.

La tentación de Eva corresponde a la concupiscencia especificada en 1 Juan 2:16: *"bueno para comer"* (los deseos de la carne), *"agradable a los ojos"* (los deseos de los ojos), y *"codiciable para alcanzar sabiduría"* (la vanagloria de la vida; los deseos de exaltarse uno mismo). Si analizamos la naturaleza de esta tentación, encontraremos que no fue una tentación para hacer el mal en sí. La tentación era para ser igual a Dios.

## Independencia de Dios

La parte central de esta tentación fue el deseo de independizarse de Dios. Mientras deseemos en nuestros corazones ser independientes de Dios, ocupamos una posición peligrosa. Nada en este universo creado tiene ningún derecho a ser independiente de su Creador, Dios.

Adán y Eva creyeron que ellos podían lograr independencia por medio de obtener conocimiento. Desear saber no es malo en sí, sino que el deseo de saber como medio para obtener independencia fue la raíz de su problema. Yo conozco a muchos cristianos que no han tratado con el deseo de independizarse de Dios.

*Nada en este universo creado tiene ningún derecho a ser independiente de su Creador.*

La vanagloria de la vida hace que los individuos digan: "Yo puedo manejar mi vida sin Dios. Si tengo una emergencia, puedo orar, pero por lo general, yo puedo manejar la situación". Algunas personas tratan al Espíritu Santo como un vehículo de emergencia o el número 9–1–1. Cuando todo lo demás falla, ellos oran. Esta no es la manera en que fuimos diseñados para vivir. Fuimos diseñados para vivir hora a hora, momento a momento dependiendo del Espíritu de Dios.

## Tres tentaciones

Satanás tentó a Jesús con estas tres tentaciones que corresponden a estas tres concupiscencias. Leamos lo que se narra en Mateo 4:1–10:

*Entonces Jesús fue llevado por el Espíritu al desierto, para ser tentado por el Diablo. Y después de haber ayunado cuarenta días y cuarenta noches, tuvo hambre. Y vino a él el tentador, y le dijo: Si eres Hijo de Dios, di que estas piedras se conviertan en pan. Él respondió y dijo: Escrito está: No sólo de pan vivirá el hombre, sino de toda palabra que sale de la boca de Dios. Entonces el diablo le llevó a la santa ciudad, y le puso sobre el pináculo del templo, y le dijo: Si eres Hijo de Dios, échate abajo; porque escrito está: A sus ángeles mandará acerca de ti, y, en sus manos te sostendrán, para que no tropieces con tu pie en piedra. Jesús le dijo: Escrito está también: No tentarás al Señor tu Dios. Otra vez le llevó el diablo a un monte muy alto, y le mostró todos los reinos del mundo y la gloria de ellos, y le dijo: Todo esto te daré, si postrado me adorares. Entonces Jesús le dijo: Vete, Satanás, porque escrito está: Al Señor tu Dios adorarás, y a él solo servirás.*

Primero Satanás tentó a Jesús pidiéndole que convirtiera las piedras en pan. Apelando a la concupiscencia de la carne, Satanás invitó a Jesús a hacer como muchos que ponen sus estómagos antes de obedecer a Dios. Es extraño que en nuestras iglesias se desapruebe el alcoholismo, mientras que la glotonería es tolerada o es más bien estimulada. No hay una diferencia verdadera, pues ambas son mortales. Yo me inclino a pensar que el comer demasiado puede igualmente matar a alguien tan rápidamente como el alcohol, y, talvez mucho más rápido. Es increíble cómo nuestras tradiciones nos ciegan a los hechos.

La segunda tentación que le mostró Satanás a Jesús fue los reinos del mundo y su gloria del momento, apelando esta vez a la concupiscencia de los ojos. Piense en lo reluciente y el esplendor; piense en la corona, las perlas, los diamantes, el lujo. Satanás dijo que todo lo que Jesús tenía que hacer era arrodillarse y adorarlo, y, Él recibiría todas esas riquezas.

Jesús es el Mesías verdadero, el verdadero Cristo, y, como tal, rechazó este trato. Tal como lo discutimos en un capítulo anterior, el falso cristo aceptará el trato. Él se arrodillará y adorará a Satanás a cambio de las promesas de poder, lujos y riquezas; él se inclinará ante Satanás. Cristo no lo haría.

La tercera tentación invitaba a Jesús a lanzarse del pináculo del templo para realizar un milagro desplegando Su inmensurable poder—la vanagloria de la vida. Esta puede ser la más sutil de las tentaciones—la tentación de usar el don espiritual de uno para auto-promoción. Esto pasa con frecuencia en la iglesia, pues la esencia oculta del pecado es el orgullo.

*Yo no creo que el error entre a la iglesia, excepto por medio del orgullo.*

Yo no creo que el error entre a la iglesia, excepto por medio el orgullo. Todos los errores religiosos tienen su base en el orgullo. Si alguien quiere generar seguidores, uno puede hacerlo con sólo hacer promoción de la grandeza de su gente, haciéndoles sentirse exclusivos y superiores.

## El proceso de la corrupción

Un punto adicional de interés es que Adán cayó por la comida, mientras que Jesús venció ayunando. Cuando tratamos con nuestro estómago, tenemos que tratar con la raíz. El ayuno, cuando se practica correctamente, es efectivo para el crecimiento espiritual.

Cuando yo fui salvo, supe que tenía que ayunar. Lo hice todos los miércoles durante cuatro años y medio. Yo no creo que podía nunca llegar a ser lo que Dios intentaba que yo fuera sin aprender, muy pronto, el secreto del ayuno.

Debemos evitar, por tanto, la corrupción de la concupiscencia que controla al mundo. Cuando alguien se corrompe, es imposible erradicar la corrupción, sea el fruto, la carne o cualquier otra cosa. Considere, por ejemplo, un durazno de Georgia. Si usted lo pone en un estante y lo deja allí por una semana, comienza a marchitarse y se vuelve amarillo, perdiendo su agradable aroma y sabor. Una vez que esto sucede, usted no puede revertir el proceso o restaurar la frescura de la fruta. Usted puede poner el durazno en el refrigerador para retardar el proceso de corrupción, pero no puede revertirlo.

Pienso que algunas iglesias son como los refrigeradores, retardan pero no detienen la corrupción del fruto que ellas contienen—sus congregaciones. La corrupción puede no ser rápida o muy evidente, pero está allí. Esta es la verdad del mundo también; no hay nada para revertir el proceso de corrupción.

*Jesús venció la tentación ayunando.*

Dios no va a cambiar el mundo; Él va a reemplazar el mundo. Esto es lo que Él hace en nuestras vidas. El pecado nos corrompe, por lo que tenemos que nacer de nuevo. Él nos da un nuevo comienzo. Tampoco pone parches o repara lo viejo corrompido de nosotros. Él nos hace nuevas personas con una vida nueva, de origen divino e incorruptible. Debemos vivir vidas santas mientras vivamos.

## Evitando la contaminación del mundo

Los creyentes deben usar, no abusar del mundo. Entre estas dos palabras debe haber una línea delgada—uso y abuso. En 1 Corintios 7:31, leemos: *"Y los que aprovechan el mundo, como si no lo aprovecharan plenamente; porque la apariencia de este mundo es pasajera"*. La *Nueva Versión Internacional*, dice: *"Los que disfrutan de las cosas de este mundo, como si no disfrutaran de ellas"*. En otras palabras, no debemos permitir que el mundo nos agarre. Nosotros debemos mantener el mundo a distancia, interactuando con él pero nunca permitiéndole que nos maneje o posea.

A medida que proclamamos el Evangelio, no debemos contaminarnos con el mundo, el cual contiene gran cantidad de contaminantes—contaminantes espirituales. El libro de Santiago nos aconseja en relación a la pureza espiritual. La Biblia tiene poco que decir de la religión, pero tiene mucho que decir de la salvación. La diferencia es que la religión es lo que las personas hacen por Dios, mientras que la salvación es lo que Dios hace por las personas.

*Debemos mantener el mundo a distancia.*

Cuando llega el punto de la religión, si la mayor parte de las personas leyeran Santiago 1:26–27, nuestras iglesias podrían ser muy diferentes. El versículo 26, dice: *"Si alguno se cree religioso entre vosotros, y no refrena su lengua, sino que engaña su corazón, la religión del tal es vana"*. No es cuestión de si nos llamamos bautistas, católicos o pentecostales—si no controlamos nuestras lenguas, nuestra religión no tiene valor. Algunas personas talvez nunca entendieron esto antes.

En el siguiente capítulo, nos moveremos de evitar la corrupción del mundo a la asombrosa influencia que el pueblo de Dios tendrá sobre el mundo.

# LOS CRISTIANOS

# SON LA LUZ DEL MUNDO

n Mateo 5:14, Jesús le dijo a Sus discípulos: *"Vosotros sois la luz del mundo"*. Como escribí anteriormente, creo que el Espíritu Santo obrando por medio de la iglesia es la única fuente de luz en este mundo obscurecido. No confunda la educación o iluminación con la luz, pues usted puede ser completamente educado y aún permanecer en la oscuridad. Yo puedo decir esto con autoridad porque una vez se me aplicó a mi mismo. Tuve la mejor educación que Gran Bretaña podía ofrecer; yo fui un éxito académico, pero espiritualmente estaba totalmente en la oscuridad.

Otro pasaje importante en las Escrituras, acerca de la influencia de la iglesia en el mundo, está Filipenses 2:15–16, donde Pablo escribió acerca de su esperanza:

*Para que seáis irreprensibles y sencillos, hijos de Dios sin mancha en medio de una generación maligna y perversa en medio de la cual resplandecéis como luminares en el mundo; asidos de la palabra de vida.*

La última frase—*"asidos de la palabra de vida"*—es crucial. Nosotros brillamos sólo cuando proclamamos la *"palabra de vida"*. Cualquiera que sea el llamado que Dios le da a cada uno de nosotros, debemos brillar en esas áreas, proclamando la palabra de vida en alguna medida. Mientras proclamamos las buenas nuevas, esparcimos luz en el mundo y compartimos la esperanza con una generación que perece en la oscuridad.

## Los cristianos representan a Jesús en Palabra y en hecho

Como creyentes debemos ser representantes de Jesús en el mundo. Escuché el testimonio de un hombre que sirvió en la armada británica durante la Segunda Guerra Mundial. Él era un incrédulo reacio, quien fue asignado a un pequeño barco naval con poco personal militar, uno de los cuales era cristiano. Al hombre incrédulo no le caía bien el cristiano y quería mantener una distancia entre ambos, pero no había lugar para escapar de él en ese pequeño barco. El incrédulo no leía su Biblia, pero no tenía otra elección más que "leer" la vida del cristiano, con quien diariamente era inevitable la interacción y la intimidad. Por medio de su vida y carácter, el cristiano convenció al incrédulo de la existencia de Dios.

*Usted puede ser la única Biblia que alguien vaya a leer.*

Recuerde: Puede que usted sea la única Biblia que alguien vaya a leer. Hay alguien en su lugar de trabajo, alguien en su vecindario o alguien en la tienda de alimentos quien nunca abre una Biblia, pero mira su vida y puede ver el reflejo de Dios.

Primera de Juan 4:17 dice: *"Como él es, así somos nosotros en este mundo"*. El mundo no mira a Jesús, sino que el mundo nos mira a nosotros, a quienes creemos en Él. Deben vernos como seres igual que Jesús.

No sólo debemos modelar a Jesús, sino también, debemos proclamar el mensaje del Evangelio a todo el mundo. En Matero

24:3, los discípulos le preguntaron a Jesús: *"¿Qué señal habrá de tu venida, y del fin del siglo?"*. Nótese que ellos pidieron saber *"la señal"*—no señales, en plural, sino *"la señal"* en singular.

En Su respuesta en los versículos siguientes, Jesús les dio una lista de señales—dentro de las cuales estaban *"sequías, pestilencias y terremotos en varios lugares"* (Versículo 7)—pero Él todavía tenía que contestar la pregunta. En el versículo 14, finalmente concluyó: *"Y será predicado este evangelio del reino en todo el mundo, para testimonio, para todas las naciones; y entonces vendrá el fin."* Esta es una respuesta específica para una pregunta específica.

¿Qué significará el fin del siglo? El Evangelio será proclamado en todo el mundo como testigo para todas las naciones. Cuando esto se haya cumplido, seguirá el fin. Junto con las variadas señales que Jesús prometió, la señal reveladora del fin del siglo consiste en el esparcimiento del Evangelio por todo el mundo.

## Los cristianos deben esparcir el mensaje del Evangelio

¿Quién es responsable de proclamar el Evangelio? Somos nosotros. Debemos entender que el destino de muchas personas depende de nosotros y de lo que hacemos. Sus destinos eternos no están en la mano de los líderes militares, políticos o científicos. Estas personas no pueden traer el fin del siglo. Únicamente nosotros, como cristianos, somos los responsables.

*Al final de este siglo, el Evangelio será esparcido por todo el mundo.*

Recuerde que Satanás es el dios de esta era. No quiere que el siglo termine, porque cuando suceda, dejará de ser el dios. Por consiguiente, Satanás hace todo lo que esté en su poder para demorar o posponer el fin del siglo. Somos responsables de ver que la era sea

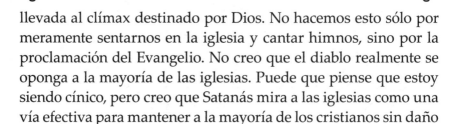
llevada al clímax destinado por Dios. No hacemos esto sólo por meramente sentarnos en la iglesia y cantar himnos, sino por la proclamación del Evangelio. No creo que el diablo realmente se oponga a la mayoría de las iglesias. Puede que piense que estoy siendo cínico, pero creo que Satanás mira a las iglesias como una vía efectiva para mantener a la mayoría de los cristianos sin daño e infructuosamente ocupado.

En una ocasión escuché a un arrogante joven decir: "Abrí una nueva iglesia". Me recuerdo pensando para mi mismo, me pregunto si el abrir una nueva iglesia necesariamente equivale a construir una iglesia. Creo que algunas iglesias debían mejor dejarlas sin abrir. ¿Alguna vez ha considerado esto? Tenemos muchas iglesias que están llenas del tipo de gente equivocada.

Jesús nunca dijo, "id y haced miembros de iglesias en todas las naciones. Sino que, Él dijo, hacer discípulos de todas las naciones (Véase Mateo 28:19). Un problema grande en la iglesia de hoy es que, nuestras iglesias están llenas con miembros que no son discípulos.

Jesús dijo, ir a todo el mundo, predicando el Evangelio a cada criatura, y esas señales seguirán a los que creen. Impondrán manos sobre el enfermo para que se recuperen, echaran fuera demonios, hablarán en nuevas lenguas, etc. (Véase Marcos 16:17–18). He oído decir que las señales realmente no siguen a muchos creyentes y esta es la razón: las señales no siguen porque la gente no va donde Dios quiere que vayan. Las señales le siguen a aquellos que van, y, no han sido prometidas a ningún otro grupo, especialmente a un grupo de gente estacionaria. Como dice el adagio: "es difícil seguir a un carro parqueado".

En una ocasión pasé nueve días consecutivos en Pakistán, un país cuya población es mayormente musulmana. Los cristianos fueron una pequeña, oprimida y despreciada minoría. No obstante, Dios sobrenaturalmente nos habilitó para sostener reuniones públicas. Durante esos nueve días, los cristianos locales estimaron que ocho mil quinientas personas oraron pidiendo salvación. Por lo menos un tercio de estas personas eran musulmanas. Vimos los milagros específicos más notorios que yo nunca antes haya atestiguado en el curso de mi ministerio. Raramente he visto el sentido de la audición restaurado a una persona sorda o una persona lisiada ser sanada, pero en Pakistán, he sido testigo de estos dos milagros.

El milagro más increíble de esta experiencia fue, probablemente, la sanidad de una mujer pakistaní de aproximadamente sesenta años de edad—que había nacido ciega, ella recibió perfecta visión. Ni siquiera impusimos manos sobre ella; meramente hicimos una oración colectiva. Era imposible imponer manos sobre la muchedumbre que estaba reunida allí.

*El mejor lugar para obrar un milagro es estar en el peor lugar.*

Les cuento sobre esto porque quiero mostrar, basado en experiencia personal, que las señales siguen a aquellos que creen y van. Usted podría sorprenderse de lo que pudiera lograr con Dios si se moviera de donde usted está a un lugar donde nadie más va. El mejor lugar para obrar un milagro es estar en el peor de los lugares, ya que donde no hay otra manera de obtener resultados, Dios proveerá un milagro.

Mientras estuvimos en Pakistán, nunca sentí la unción de Dios en nuestras reuniones. Nunca fui "bendecido". Pero Dios vio apropiado honrar nuestra salida con los milagros.

Mi corazón se aflige por las multitudes de hombres y mujeres saludables y fuertes que simplemente viven en un cristianismo convencional cuando el mundo está clamando por lo que nosotros tenemos. En la mayoría de los lugares, ni siquiera se necesita persuadir a las personas para que le escuchen; están ansiosos y esperando escuchar.

Esta es la hora de la cosecha. Jesús dijo que oráramos para que Dios envíe obreros a la cosecha (Véase Mateo 9:38). La palabra griega para *"enviar"* significa *"empujar"*, y es la misma palabra en el Nuevo Testamento usada para hablar acerca de echar fuera demonios. La gente debe ser "enviada" a la cosecha por medio de la divina presión. Oro por que algunos de ustedes nunca estén contentos hasta que estén en la cosecha. Este es el reto. Las personas pierden el llamado de Dios porque fallan en escuchar.

## Los cristianos deben servir al mundo

Santiago 1:27 continúa,

*La religión pura y sin mácula delante de Dios el Padre es esta: Visitar a los huérfanos y a las viudas en sus tribulaciones, y guardarse sin mancha del mundo.*

Esta es la visión de Dios sobre la religión.

¿Cuántas personas "religiosas" en los Estados Unidos están practicando esta forma de *"religión pura y sin mancilla"*? Hermanos y hermanas, no hay escasez de huérfanos o de viudas. Los países del tercer mundo están llenos de ellos. Usted puede ayudarles por medio de muchas organizaciones que existen para alcanzarlos.

Santiago 4:17 dice: *"Y al que sabe hacer lo bueno, y no lo hace, le es pecado"*. Dudo que Dios nos acuse principalmente de nuestros pecados de la comisión. No obstante, serán nuestros pecados de omisión los que Él reprenderá mayormente. Puede que tengamos que sacrificar alguna conveniencia personal y entregar parte de nuestro tiempo. Todos, de vez en cuando, tenemos que pensar en alguien en vez de nosotros mismos. ¡Qué revolución!

Santiago 1:27 dice: *"Visitar a los huérfanos y a las viudas en sus tribulaciones, y guardarse sin mancha del mundo"*. El mundo está sucio. Cada vez que entramos en contacto con esto, debemos limpiarnos. No debemos permitir que la suciedad, las marcas grasosas del mundo ensucien nuestra belleza, la vestidura blanca de la rectitud en Cristo. Si sucede que una grasienta mancha cae sobre nuestras vestiduras, existe sólo un único detergente que limpia: la sangre de Jesús.

¿Alguna vez ha tratado de imaginar cómo sería ser culpable y profano sin saber hacia dónde ir o qué hacer? ¿Cargar en su consciencia el hecho de haber hecho cosas de las cuales está apenado, cosas que hubiera deseado nunca sucedieran?

*La sangre de Cristo es el único detergente que limpia la inmundicia del mundo.*

Es lo suficientemente difícil para un cristiano el cargar con su consciencia—y, después de todo, poder ir directo hacia Jesús, confesarse, arrepentirse y recibir perdón, como si los actos pecaminosos que cometimos, realmente nunca hayan sucedido. ¡Sólo imagine la agonía de un sinnúmero de personas quemadas por sus conciencias pero que no saben hacia dónde ir! Esta es la razón por la cual debemos *"predicad el evangelio a toda criatura"* (Marcos 16:15).

Pero, una vez más, debemos interactuar con el mundo usando el discernimiento. En Santiago 4:4, leemos:

*¡Oh almas adúlteras! ¿No sabéis que la amistad del mundo es enemistad contra Dios? Cualquiera, pues, que quiera ser amigo del mundo, se constituye enemigo de Dios.*

No podemos estar en términos amigables con el sistema de este mundo. Podemos ser amigables con nuestros vecinos y mostrarles el amor de Dios, por supuesto, pero debemos estar seguros de no enamorarnos del sistema del mundo, porque es perverso. El sistema del mundo está controlado por el príncipe de la oscuridad.

## Hemos sido enviados

En Filipenses 3:17-21 se lee:

*Hermanos, sed imitadores de mí, y mirad a los que así se conducen según el ejemplo que tenéis en nosotros. Porque por ahí andan muchos, de los cuales os dije muchas veces, y aun ahora lo digo llorando, que son enemigos de la cruz de Cristo; el fin de los cuales será perdición, cuyo dios es el vientre, y cuya gloria es su vergüenza; que sólo piensan en lo terrenal. Mas nuestra ciudadanía está en los cielos, de donde también esperamos al Salvador, al Señor Jesucristo; el cual transformará el cuerpo de la humillación nuestra, para que sea semejante al cuerpo de la gloria suya, por el poder con el cual puede también sujetar a sí mismo todas las cosas.*

Hemos sido libertados de este actual siglo malo porque nuestra ciudadanía está en el cielo, el nuevo siglo. Debido a que nos enfocamos en el nuevo siglo, en vez del presente, esperamos a un Salvador desde el cielo. En el cielo, no la tierra, es donde tenemos un hogar.

¿Dónde estamos viviendo, y en qué era? ¿Cuál es nuestra actitud hacia la Cruz? Pablo escribió: *"Pero lejos esté de mí gloriarme, sino en la cruz de nuestro Señor Jesucristo, por quien el mundo me es crucificado a mí, y yo al mundo"* (Gálatas 6:14).

Existe una línea divisoria entre la iglesia y el mundo. ¿Qué está puesta entre ellos? La cruz de Cristo. De nuevo, o estamos del lado de la Cruz o del otro lado. Podemos decir o no decir, como Pablo: *"Con Cristo estoy juntamente crucificado, y ya no vivo, mas vive Cristo en mí; y lo que ahora vivo en la carne, lo vivo en la fe del Hijo de Dios, el cual me amó y se entregó a sí mismo por mí"* (Véase Gálatas 2:20).

Si esta nación tuviera cuarenta millones de cristianos comprometidos, pudieran cambiar la nación entera. Pero las pocas personas que están tratando fervientemente de cambiar las cosas, tienen una principal queja: la iglesia.

Hermanos y hermanas, apoyo mucho que presionemos al gobierno para promulgar una legislación beneficiosa, pero quiero recordarles que la legislación no cambia los corazones de las personas. Lo que esta nación necesita, es un mayor cambio de corazón—no sólo entre los adictos a drogas y las prostitutas, sino también entre los creyentes que van a la iglesia. La Biblia dice que el tiempo ha llegado para juzgar, y el juicio iniciará en la casa de Dios (Véase 1 Pedro 4:17).

En el gran cambio del Espíritu Santo, conocido como el Avivamiento de Welsh, que transformó la nación de Wales (o Gales) en 1904, un instrumento principal que Dios usó, fue a un joven cuyo nombre es Evan Roberts. Él usó este tema: "Cambie a la iglesia y doblegue al mundo". Si usted puede hacer que la iglesia cambie, puede provocar que el mundo se doblegue. Pero si la iglesia no cambia, ¿cómo podremos hacer que el mundo se doblegue? Existe una manera de alcanzar al mundo, y, es por medio de la iglesia. Si la iglesia resiste al Espíritu Santo, no hay manera para que el Espíritu Santo alcance al mundo.

> *Pero si la iglesia no cambia, ¿cómo podremos hacer que el mundo se doblegue?*

¿Dónde estamos ahora? Si usted está dispuesto, dígale al Señor, "a la luz de lo que el hermano Prince ha enseñado, me doy cuenta de que no he sido libertado de este presente siglo perverso, y, que no he tenido una transformación interna en mis pensamientos, valores y motivos. Dios, quiero que me cambies. Sea como sea, quiero que Tú me cambies". Dios le tomará la palabra.

## A pesar de los sufrimientos, ya hemos vencido al mundo

Como creyentes en desacuerdo con el mundo, se nos garantiza que enfrentaremos grandes dificultades. Jesús le dijo a Sus discípulos: *"Estas cosas os he hablado para que en mí tengáis paz. En el mundo tendréis aflicción; pero confiad, yo he vencido al mundo"* (Juan 16:33).

En el mundo tendremos tribulación. Mejor alabamos al Señor por ello, ya que no habrá alivio de las tribulaciones si no le alabamos a Él. Un tipo de enseñanza peligrosa se está esparciendo, la cual dice que si enfrentamos problemas y presiones, eso significa que no estamos alineados con la voluntad de Dios. Esta enseñanza no es necesariamente verdadera. Cuando Pablo y Bernabé hablaron a un grupo de nuevos convertidos en las ciudades que visitaron, ellos dijeron, "Hermanos, es necesario que a través de muchas tribulaciones entremos en el reino de Dios" (Véase Hechos 14:21–22).

La garantía de que habrá tribulación conlleva algo de buenas noticias: por medio de la fe, los creyentes tendremos victoria sobre el mundo.

> *Porque todo lo que es nacido de Dios vence al mundo; y esta es la victoria que ha vencido al mundo, nuestra fe. ¿Quién es el que vence al mundo, sino el que cree que Jesús es el Hijo de Dios?* (1 Juan 5:4–5)

La frase *"vence al mundo"* indica conflicto con el mundo. Nosotros no vencemos algo a menos que ese algo se nos oponga. Mas nosotros vencemos al mundo por medio de nuestra fe, cuando la ejercemos.

## Manteniendo el enfoque

He conocido a muchos cristianos que fácilmente son distraídos de su enfoque supremo en Dios. Hay un sinnúmero de maneras por medio de las cuales el diablo puede desviarnos del propósito de Dios para nuestras vidas. Con cualquier método que funciones, Satanás se sale por la tangente de los propósitos de Dios. Puede que alguien no sea un alma perdida, pero él o ella tendrán una recompensa más pequeña de la que pudo haber recibido en la gloria.

Pablo escribió a la iglesia de Filipos acerca de terminar la carrera, completando el objetivo para el cual Dios lo había llamado:

> *No que lo haya alcanzado ya, ni que ya sea perfecto; sino que prosigo, por ver si logro asir aquello para lo cual fui también asido por Cristo Jesús. Hermanos, yo mismo no pretendo haberlo ya alcanzado; pero una cosa hago: olvidando ciertamente lo que queda atrás, y extendiéndome a lo que está delante, prosigo a la meta, al premio del supremo llamamiento de Dios en Cristo Jesús.* (Filipenses 3:12–14)

He realizado un extensivo estudio bíblico concerniente a los requisitos para cumplir con nuestro llamado en Cristo, y, encuentro que puede ser resumido en esta expresión: unidad de propósito. Si usted se vuelve de doble pensamiento y permite que su pensamiento sea desviado, usted no cumplirá con su llamado.

## La Cruz: Nuestra vía de escape

Cerraré este capítulo relatando una experiencia personal de relevancia particular. A mediados de 1950, me hallaba fungiendo como pastor de una pequeña congregación pentecostal en el centro de London. Tres veces por semana nos reuníamos en el centro de London, en un lugar llamado "Speakers' Corner, Marble Arch" (La Esquina de los Oradores, El Arco de las Maravillas). El predicar en las calles provee un excelente adiestramiento porque así usted no se confía de sus notas o bosquejos. La improvisación es esencial, al igual que lo es la habilidad de lidiar con las personas que interrumpen, y, también se deben contestar las preguntas rápidamente.

Durante este período, tuve un sueño vívido en el cual ví una típica calle de encuentro—un círculo de personas se encontraba escuchando a un hombre que estaba en el centro del grupo. Él predicaba con fervor. Pero, mientras miraba al hombre, no me gustó lo que mire. Él estaba torcido con un pie de madera y con espalda jorobada. Me dije a mí mismo, *Lo que está diciendo es bueno, pero no me gusta como él luce.*

Cuando desperté, no me acordé más del sueño hasta que dos semanas después soñé nuevamente con lo mismo. La repetición me hizo darme cuenta que Dios estaba tratando de decirme algo. Comencé a orar, describiendo la escena al Señor y pidiéndole que identificara al predicador. ¿Quién era ese hombre? Esta pregunta fue contestada de la misma manera en que el profeta Natán le contestó a David: *"Tú eres aquel hombre"* (2 Samuel 12:7).

Entonces, me di cuenta que Dios no estaba criticando mi predicación, sino que me estaba viendo a mí y Él no aprobaba lo que veía. Mientras tanto, yo ya había sido salvo, bautizado con el Espíritu Santo y podía hablar en lenguas.

> *Yo era el criminal para el cual esa cruz había sido hecha.*

Seriamente empecé a pensar en este sueño. Era temporada de Semana Santa, y, la imagen de las tres cruces en el Gólgota estaba muy vívida en mi mente. La cruz del medio era más alta que las otras dos. Mientras estudiaba la imagen mentalmente, el Espíritu Santo parecía hablarme diciendo, "Esa cruz del medio, ¿para quién fue hecha?" Luego Él dijo, "Ten cuidado antes de contestar".

Pensé por un momento y luego contesté, "Fue hecha para Barrabás". Él contestó "Así es". En ese momento me di cuenta de algo que nunca antes se me había ocurrido: la cruz estaba ahí para Barrabás; estaba esperando por él. Pero en el último momento, el Espíritu Santo me recordó, que Jesús tomó el lugar de Barrabás. "Sí", afirmé.

Hasta entonces comprendí que yo era el criminal para el cual esa cruz había sido hecha. Estaba hecha a mi medida. Estaba colocada donde yo merecía ser colgado. Mi viejo hombre merecía nada menos que la cruz, pero Cristo tomó mi lugar. Mi viejo hombre fue crucificado en Él.

*He sido libertado de la esclavitud de las opiniones del mundo.*

Todavía no soy perfecto, pero sigo adelante hacia el objetivo final. No estoy estático ni pegado a una rutina. No soy esclavo de las tradiciones; no importa lo que el mundo piensa o dice. Lo que me importa es lo que Dios piensa. He sido libertado de la esclavitud de las opiniones del mundo.

Para este efecto, Pablo dijo: *"Sino en la cruz de nuestro Señor Jesucristo, por quien el mundo me es crucificado a mí, y yo al mundo"* (Véase Gálatas 6:14). En otras palabras, Pablo dijo que cuando el mundo lo viera a él, todo lo que el mundo miraría sería un esqueleto colgando de una cruz.

Cuando Pablo vio al mundo, él vio lo mismo—un esqueleto colgando de una cruz. Ese era el valor del mundo para él, pues el mundo no tenía ningún valor encantador. El mundo no lo impresionaba con su riqueza, conocimiento o poder, ya que todo eso es pasajero. Un nuevo reino se avecina—un reino que no es de este mundo. Ese reino es al que yo pertenezco. Ese es el reino de mi verdadera ciudadanía eterna.

¿Deseamos ser libertados de la esclavitud de la carne y del mundo? Solamente hay una salida: la Cruz. Aquellos que pertenecemos a Cristo hemos sido crucificados a la carne junto con sus pasiones y deseos. El mundo ha sido crucificado para mí y yo para el mundo.

¡Gracias Dios por la Cruz! Si no fuera por la Cruz seríamos esclavos para siempre. La Cruz es nuestro camino a la libertad. No es un camino libre de dolor, mas *"quien ha padecido en la carne, terminó con el pecado"* (1 Pedro 4:1). Nosotros podemos llegar al punto donde nos sentimos tan enfermos de nuestra carne que ésta ya no puede tenernos para pecar.

# LIBERTADOS DE

## ESTA PRESENTE ERA PERVERSA

La palabra *"siglo"* es la traducción que da la *Biblia Reina Valera* de dos palabras distintas que aparecen con frecuencia en el Nuevo Testamento. En las versiones más modernas, una de estas palabras se traduce como *"era"*, la otra es como *"mundo"*.

No ahondaré mucho en una lección de griego, pero la palabra griega traducida como *"era"* es *aion*, de la cual se deriva la palabra inglesa *eon*. El significado es casi idéntico.

Por ahora, nos centraremos en la palabra traducida como *"era"*—*aion* o *eon*). Comenzaremos este estudio de la era, o eras, en el primer capítulo de Gálatas:

> *Gracia y paz sean a vosotros, de Dios el Padre y de nuestro Señor Jesucristo, el cual se dio a sí mismo por nuestros pecados para librarnos del presente siglo malo, conforme a la voluntad de nuestro Dios y Padre.* (Versículos 3–4)

Vemos en este pasaje que un principal propósito por el cual Jesús murió fue para libertarnos de este *"presente siglo malo"* ¿Alguna vez ha evaluado usted la autenticidad de su liberación de esta era? Yo dudo que muchos cristianos piensen en tales términos. Después de todo, vivimos en esta era—¿Cómo podríamos ser libertados de ella? Sin embargo, el propósito de la muerte de Jesús en realidad era libertarnos—rescatarnos—del presente siglo malo.

El Nuevo Testamento abunda con referencias a las eras o siglos. En Hebreos 1:1, leemos:

*Dios, habiendo hablado muchas veces y de muchas maneras en otro tiempo a los padres por los profetas, en estos postreros días nos ha hablado por Su Hijo.*

Este Hijo, *"a quien constituyó heredero de todo"* (Versículo 2) es la conclusión de todo.

Es típico del libro de Hebreos poner el final antes del principio, pues el tema de todo el libro es el proceso de la perfección. Este libro fue escrito para los creyentes judíos que, aunque tenían un vasto conocimiento de las Escrituras, no avanzaban hacia Dios para llegar a ser más semejantes a Él. Creo que los gentiles de hoy requieren del mismo mensaje. Repito, el objetivo de Hebreos es el llamado para ir hacia la perfección— movernos hacia nuestra herencia y hacia nuestro máximo descanso. Estas tres palabras claves sintetizan el tema de Hebreos: perfección, descanso y herencia.

> *Jesús murió para rescatarnos de este presente siglo malo.*

El versículo 2 establece la función de Jesús como el heredero de todas las cosas. Y continúa describiendo la naturaleza creativa de Jesús: *"por medio de quien él* [Dios] *hizo el universo* [griego, *aion*]*..."* Algunas traducciones dicen *"mundos"*, pero la palabra griega significa *edades, eras o siglos*.

Lo siguiente que aprendemos es que Él era *"el resplandor de su gloria* [la del Padre] *y la expresión exacta de su naturaleza* [substancia]*"*, quien sostiene *"todas las cosas por la palabra de Su poder"*

(Versículo 3). Estos son cinco hechos en con relación la naturaleza divina de Jesús. Los dos últimos hechos pertenecen a Su obra redentora: *"Habiendo efectuado la purificación de nuestros pecados por medio de sí mismo..."* y Él *"se sentó a la diestra de la Majestad en las alturas"* (Versículo 3).

Cada una de estas declaraciones invitan a un profundo examen, pero me gustaría enfocarme en la segunda declaración: que Dios hizo las edades por medio de Jesús. La Versión del Rey Jaime traduce la palabra para *"edades"* como *mundo,* la cual parece tener mejor sentido porque, para nosotros, la palabra *"edades"* implica el concepto de tiempo, mientras que la palabra *mundos* implica los conceptos de materia y espacio.

## Temporalidad visible, eternidad invisible

Dios creó las edades, estableciendo todo el tiempo en movimiento con relación al espacio. Fíjese que la palabra está en plural, *"edades",* no en singular o refiriéndose a una única edad.

Una declaración de valor similar se menciona en Hebreos 11:3: *"Por la fe entendemos haber sido constituido el universo por la palabra de Dios, de modo que lo que se ve fue hecho de lo que no se veía".* Una vez más encontramos que el texto bíblico se alinea con la física moderna. Pregúntele a un físico de qué consiste un escritorio, y él o ella responderán en términos de protones, neutrones, electrones y otros componentes fundamentales—ninguno de los cuales jamás han sido vistos por el ojo humano. ¿No es sorprendente que el escritor de Hebreos—alguien sin conocimiento científico moderno—estaba también en completa armonía con las conclusiones científicas contemporáneas?

Dios creó las edades por medio de Su Palabra—algo que no es visible—de manera que todo lo visible, todo lo material, todo lo que consideramos "real" o tangible fuera hecho de algo que nosotros no podemos ver. Lo que no se puede ver es la máxima realidad eterna, mientras que todo lo que puede ser visto es solamente una realidad temporal.

El apóstol Pablo afirmó esta verdad en su segunda epístola a la iglesia en Corinto: *"No mirando nosotros las cosas que se ven, sino las que no se ven; pues las cosas que se ven son temporales, pero las que no se ven son eternas"* (2 Corintios 4:18). Este concepto contraintituivo exige una revolución mental. Repito, la Biblia dice que lo que percibimos u observamos con nuestros cinco sentidos es solamente temporal; las realidades que persisten, tales como la fe, la esperanza y el amor, son invisibles.

*Lo que percibimos con nuestros sentidos es temporal.*

El libro de Apocalipsis incluye varios pasajes sombríos que también tienen que ver con esta edad temporal. En Apocalipsis 19:3, leemos del inminente juicio de Dios que viene sobre Babilonia, representante de la falsa iglesia en la tierra: *"Otra vez dijeron: ¡Aleluya! Y el humo de ella sube por los siglos de los siglos".* Por generaciones al universo nunca le faltará el recuerdo de las consecuencias de la rebelión contra Dios. El humo servirá como un recuerdo continuo.

Apocalipsis 20:10 habla del diablo y el Anticristo:

*Y el diablo que los engañaba fue lanzado en el lago de fuego y azufre, donde estaban la bestia y el falso profeta; y serán atormentados día y noche por los siglos de los siglos.*

Su tormento permanecerá para siempre.

Estos temas son más bien solemnes ¿no cree usted? Nadie desearía sufrir tormento por la duración de los siglos, pero si echamos nuestra suerte con Satanás y nos unimos a su campo, terminaremos en el mismo lugar que él.

Apocalipsis 22:5, dice:

*No habrá allí más noche; y no tienen necesidad de luz de lámpara, ni de luz del sol, porque Dios el Señor los iluminará; y reinarán por los siglos de los siglos.*

¿Quiénes son *"los"* mencionados en este pasaje? Ellos son los siervos de Dios (Véase el versículo 3). Si recibimos a Cristo como Señor y Salvador y le estamos sirviendo a Dios, reinaremos con Él por siempre.

Cuando Jesús vino a la tierra hace dos milenios, como Salvador, Él vino en la consumación de los siglos. Hebreos 9:26, señala que Jesús no tenía que ofrecerse a Sí mismo como sacrificio mas que una sola vez, porque

> *Los siervos de Dios reinarán con Él por siempre.*

*De otra manera le hubiera sido necesario padecer muchas veces desde el principio del mundo; pero ahora, en la consumación de los siglos, se presentó una vez para siempre por el sacrificio de sí mismo.*

Esta frase *"fin de los siglos"* es traducida en *La Biblia de las Américas* como *"consumación de los siglos"*. Esto tipifica el entretejer de todo, la convergencia de todo para su final. Cuando Jesús vino, fue para traer el propósito de los siglos de Dios para su consumación final, para una total resolución de todos los propósitos de Dios.

# Las implicaciones

## de la Venida de Jesús

E n el último capítulo discutimos lo que el Nuevo Testamento dice acerca de las implicaciones eternas de la venida de Jesús. El Nuevo Testamento habla también de las implicaciones del fin de los siglos para nosotros.

Pablo escribió acerca de la experiencia de los israelitas mientras viajaban de Egipto hacia la tierra de Canaán, tropezando con problemas y cometiendo pecados por todo el camino:

> *Y estas cosas les acontecieron como ejemplo, y están escritas para amonestarnos a nosotros, a quienes han alcanzado los fines de los siglos.* (1 Corintios 10:11)

Este pasaje atribuye gran importancia para nosotros, ¿no es así? La consumación de los siglos ha venido sobre nosotros; el descubrimiento de todos los propósitos eternos de Dios, en cierto sentido, recae en nosotros. Como cristianos que creemos en Dios, nunca debemos subestimar nuestra importancia, pues todos los propósitos eternos de Dios se centran en nosotros y en los tiempos en que vivimos.

El subestimarnos está entre las peores cosas que podemos hacer. Ante todo, somos hechura de Dios. Él nos diseñó y nos creó, y, cada vez que nos criticamos a nosotros mismos, por extensión lo criticamos a Él quien nos hizo. No tenemos derecho de hacerlo.

Segundo, por la gracia de Dios, somos el factor más importante en el universo. Sus propósitos se centran en nosotros, y si verdaderamente nos aferramos a la verdad, encontraremos que es imposible llevar una vida de improductiva insignificancia. Un día responderemos ante Dios por lo que se hizo con Sus propósitos. Responderemos a Dios y esta realidad atestigua de nuestra importancia.

## Esta era está terminando

Un hecho importante que debemos tomar es que el presente siglo se aproxima a su fin. ¿Vive usted con esta creencia, o vive como si el fin no está cerca? Incontables pasajes de las Escrituras en el Nuevo Testamento nos dicen que la presente era ya está acabando, llegando a su fin; no continuará indefinidamente. Esta es razón para estar agradecidos, pues este mundo es francamente un desorden. Es más, el desorden está empeorando.

*Los propósitos de Dios se centran en nosotros; no podemos llevar una vida de improductiva insignificancia.*

En el libro de Mateo, Jesús habló metafóricamente del fin de este siglo con una analogía de la siega del trigo y la cizaña. *"El enemigo que la sembró* [la cizaña] *es el diablo; la siega es el fin del siglo; y los segadores son los ángeles. De manera que como se arranca la cizaña, y se quema en el fuego, así será en el fin de este siglo"* (Mateo 13:39–40). El versículo 49 continúa: *"Así será al fin del siglo: saldrán los ángeles, [y] apartarán a los malos de entre los justos".*

Los discípulos le preguntaron a Jesús: *"Dinos… ¿qué señal habrá de tu venida, y del fin del siglo?"* (Mateo 24:3). Jesús no los corrigió y dijo: *"Este siglo no va a terminar".* En vez de eso, Él les contestó específicamente (Véase los versículos 4–31) y los exhortó diciendo: *"El que persevere hasta el fin, será salvo"* (Versículo 13). El fin vendrá, pero no antes que pasen cosas específicas. Jesús instruyó a Sus seguidores acerca de cómo ellos debían vivir hasta entonces, registrado en Mateo 28:19–20:

> *Por tanto, id, y haced discípulos a todas las naciones, bautizándolos en el nombre del Padre, y del Hijo, y del Espíritu Santo; enseñándoles que guarden todas las cosas que os he mandado; y he aquí, yo estoy con vosotros todos los días, hasta el fin del mundo.*

Si usted está viviendo como si este mundo jamás terminará, debe ajustar su estilo de vida. Usted está viviendo en un sistema falso de valores impropios y prioridades mal colocadas.

## El nombre de Jesús es eternamente supremo

El siguiente hecho es emocionante: el nombre de Jesús es supremo en esta era y en la venidera; eso nunca cambiará.

> *El cual [Dios] operó en Cristo, resucitándolo de los muertos y sentándole a su diestra en los lugares celestiales, sobre todo principado y autoridad y poder y señorío, y sobre todo nombre que se nombra, no sólo en este siglo, sino también en el venidero.*
> (Efesios 1:20–21)

Una vez más, Pablo miró más allá de la era presente a la venidera, diciendo que aunque este siglo terminará, nada cambiará la posición o la importancia de Jesús. Él ha estado, está y estará allí por los siglos de los siglos.

Con demasiada frecuencia la iglesia de hoy olvida que en el presente siglo, Satanás es el gobernante. Pablo habló acerca de esto en su segunda epístola a la iglesia de Corinto:

> *Pero si nuestro evangelio está aún encubierto, entre los que se pierden está encubierto; en los cuales el dios de este siglo cegó*

*el entendimiento de los incrédulos, para que no les resplan-*
*dezca la luz del evangelio de la gloria de Cristo, el cual es la*
*imagen de Dios.* (2 Corintios 4:3–4)

Satanás es *"el dios de este siglo"*, lo cual es una razón por la que
él no quiere que este siglo termine. Él está haciendo todo lo que
puede para prolongar este presente siglo, porque cuando este siglo
termine, él dejará de ser un dios; su posición será degradada.

Como Satanás no es igual a Dios, la humanidad lo ha hecho
dios al hacer tratos con él, rebelándose contra el verdadero Dios
y reemplazándolo con dioses falsos. Este siglo es malo porque
tiene a Satanás como gobernante.

El máximo plan de Dios no es cambiar este siglo sino llevarlo
a su fin. Los cristianos que dirigen todos sus esfuerzos para cambiar este siglo están equivocados. Hay muchas cosas de las que
somos capaces y debemos cambiar, pero debemos tener en mente
que cada cambio que efectuemos en este siglo no será permanente, pues el siglo está llegando a su fin.

## El actual orden mundial es temporal

El Nuevo Testamento habla de no amar el mundo (Véase 1
Juan 2:15). Esto no quiere decir que no vamos a amar la creación
de Dios o que no vamos amar a la gente; al contrario, quiere decir
que hay cierto sistema mundial que no debemos amar porque es
enemigo total de Dios. Si amamos a los enemigos de Dios, somos
traidores de Dios.

Por ejemplo, 2 Pedro 2:5, dice: *"Y si no perdonó* [Dios] *al mundo*
*antiguo, sino que guardó a Noé, pregonero de justicia, con otras siete*
*personas, trayendo el diluvio sobre el mundo de los impíos"*. Aun
hablando del diluvio, 2 Pedro 3:6, dice: *"Por lo cual el mundo de*
*entonces pereció anegado en agua"*.

Lo que pereció en el diluvio fue el orden mundial de los
días de Noé. No fue la tierra la que pereció; sino más bien, cierto

sistema social que era llamado *"el mundo"*. Usted debe entender que a esto es a lo que la Biblia generalmente se refiere cuando habla de *"el mundo"*.

## Satanás gobierna el sistema mundial

La caída del hombre convirtió a Satanás en *"el gobernante de este mundo"*. Él no gobierna el universo, sino al actual sistema mundial.

Tres veces en el libro de Juan, Jesús le dio este título a Satanás. En Juan 12:31, Jesús dijo: *"Ahora es el juicio de este mundo: ahora el príncipe de este mundo será echado fuera"*. El título *"príncipe de este mundo"* se repite en Juan 16:11, cuando Jesús dijo: *"El príncipe de este mundo ha sido echado fuera"*. De nuevo, hablando de juicio, Jesús dijo en Juan 14:30: *"Porque viene el príncipe de este mundo, y él nada tiene en mí"*. Aquí yace el secreto de la victoria de Jesús, y nuestra victoria también, cuando hemos nacido de nuevo y Jesucristo vive en nosotros.

Satanás no podría derrotar a Jesús porque Él dijo: *"Y él nada tiene en mí"*. Si usted y yo podemos decir: *"él nada tiene en mí"*, seremos inconquistables.

### El enemigo dentro de las puertas

¿Ha oído usted la frase "la quinta columna?" Se usó frecuentemente antes y durante la Segunda Guerra Mundial, y, sus orígenes son particularmente importantes. En 1936, durante la guerra civil en España, un general español dirigía un ataque sobre una ciudad ocupada por sus opositores.

Otro general se le acercó y le preguntó: "General, ¿cuál es su plan para tomar la ciudad?"

El primer general respondió: "Tengo cuatro columnas avanzando hacia la ciudad—una desde el norte, una desde el oriente, una desde el sur y una desde el oeste". Hizo una pausa, luego agregó: "Pero es mi quinta columna la que se espera tome la ciudad por mí".

El segundo general dijo: "¿Dónde está su quinta columna?"

La respuesta fue: "Dentro de la ciudad".

La quinta columna comprendía a los traidores, quienes ultimadamente socavarían las defensas de la ciudad. Así es exactamente como Satanás derrota a los individuos y a la iglesia: nunca desde afuera, sino desde adentro. A menos que podamos decir: "Él no tiene nada en mí", estamos en peligro.

## Dominio por medio del engaño

El siguiente punto que debemos entender acerca de las tácticas de Satanás es que él controla el sistema mundial por la vía del engaño, como lo detallé en capítulos anteriores. Sin personas fáciles de engañar, Satanás no podría controlarlas.

Encontramos una declaración muy importante en 1 Juan 5:19: *"Sabemos que somos de Dios, y el mundo entero está bajo el maligno"*. Mientras que la *Nueva Versión del Rey Jaime*, dice: *"inclinarse"*, el significado literal de esta declaración en griego es: "El mundo entero yace en el maligno", Satanás, *"el maligno"*, tiene al mundo entero en sus manos.

**Un voto contra Dios elige a Satanás como su gobernante.**

Todos sabemos el himno infantil cuya letra dice que el Dios tiene a "todo el mundo en Sus manos", pero no creemos que este himno sea totalmente bíblico. No es el Señor, sino Satanás quien tiene al mundo en sus manos. Aunque Dios es supremo sobre todas las cosas, incluyendo a Satanás; con todo, Satanás todavía controla al mundo temporalmente.

Apocalipsis 12:9 habla de lo que la iglesia eventualmente debe hacerle al diablo. *"Y fue lanzado fuera el gran dragón, la serpiente antigua, que se llama diablo y Satanás, el cual engaña al mundo entero".* Habla del globo terráqueo habitado, los residentes que han sido engañados por Satanás.

## Gobernador de los rebeldes

Satanás gobierna sobre todos los rebeldes; así que, aquellos que se rebelan contra Dios están bajo su dominio. Usted no tiene que votar por Satanás. Todo lo que se requiere es un voto contra Dios; en el momento que usted haga eso, aún si sólo lo siente en su corazón, usted inmediatamente elige a Satanás como su gobernante.

Efesios 2:1–3, dice:

> *Y él os dio vida a vosotros* [creyentes en Cristo], *cuando estabais muertos en vuestros delitos y pecados, en los cuales anduvisteis en otro tiempo, siguiendo la corriente de este mundo, conforme al príncipe de las potestades del aire, el espíritu que ahora opera en los hijos de desobediencia, entre los cuales también todos nosotros vivimos en otro tiempo en los deseos de nuestra carne, haciendo la voluntad de la carne y de los pensamientos, y éramos por naturaleza hijos de ira, lo mismo que los demás.*

Este pasaje comienza hablando de cuando nosotros estábamos muertos—no físicamente, sino espiritualmente. Menciona un tiempo cuando todos nosotros vivíamos *"en los deseos de nuestra carne"*. La palabra traducida como *"carne"* es lo que llamamos el "hombre natural", o "el hombre no regenerado"—alguien que no ha nacido de nuevo, y por lo tanto, que no está transformado por la gracia de Dios, sino que está sujeto al dominio de Satanás. Este dominio es una fuerza espiritual que opera en él a causa de su naturaleza rebelde.

Opera por medio de la concupiscencia y los deseos incontrolables de su naturaleza carnal y mental. La enemistad u hostilidad del hombre no regenerado es tan fuerte en su mente como en su cuerpo. Como escribió Pablo en Romanos 8:7: *"los designios de la carne son enemistad contra Dios"*.

El pasaje concluye diciendo que *"éramos por naturaleza hijos de ira"* (Efesios 2:3). Pero todos somos, por naturaleza, hijos de la ira de Dios porque somos hijos de desobediencia. Compartimos un antepasado que fue desobediente, y ese fue Adán. Debido a que heredamos la naturaleza pecaminosa de Adán, caemos bajo el dominio de Satanás, y, dependemos de Dios para liberarnos de éste.

## No tomando bandos con Satanás

El capítulo cuarenta y uno de Job habla de una criatura conocida como Leviatán. Esta monstruosa criatura es realmente un retrato de Satanás. Leemos: *"Desafía [Leviatán] a todo ser altivo; él es rey sobre todos los hijos de orgullo"* (Job 41:34).

> *Todas las personas orgullosas tienen un rey cuyo nombre es Satanás.*

Todas las personas orgullosas tienen un rey, aunque ellas no lo conozcan. Su nombre es Satanás. En el momento que usted dice: "Yo lo sé mejor. Puedo lograrlo todo en la vida a mi manera. Yo puedo manejar esta situación. No quiero depender de Dios", usted elige a Leviatán como su rey. Esa es la condición del mundo, el reino de Satanás.

Satanás reclama el control de los reinos y gobiernos de este mundo. De esto leemos en Lucas acerca de la tentación de Satanás a Jesús:

> *Y le llevó el diablo a un alto monte, y le mostró en un momento todos los reinos de la tierra. Y le dijo el diablo: "A ti te daré toda esta potestad, y la gloria de ellos; porque a mí me ha sido entregada, y a quien quiero la doy".* (Lucas 4:5–6)

Satanás dice que todo el mundo le ha sido entregado. La palabra utilizada aquí para *"entregada"* es la misma que fue usada para describir la traición de Judas cuando entregó a Jesús a los gobernantes de los judíos. Satanás básicamente le dijo a Jesús: "Todo esto me ha sido entregado". ¿Quién fue el responsable de esta traición? ¿Quién fue el responsable de entregarle el gobierno de la tierra al diablo? Fue Adán. Él desafió a Dios y se unió con Satanás, entregándole a él la autoridad que originalmente Dios le había dado a Adán. De esta manera, Satanás reclama el control de todos los reinos y gobiernos. Y ciertamente que controla a la mayoría de ellos.

## La buena nueva es...

Si nos enfocamos solamente en la perversidad del mundo y en la actividad de Satanás, nuestra visión será un poco no cristiana. A pesar de la expansión del mal en el mundo y a pesar de la rebelión del mundo, el orgullo y la arrogancia, Dios ama al mundo. Él ama al mundo tanto, que en efecto, dio a Su Hijo, Jesucristo, para que muriera por el mundo.

*Porque de tal manera amó Dios al mundo, que dio a su Hijo unigénito, para que todo aquel que cree en Él, no se pierda, más tenga vida eterna.* (Juan 3:16)

Todos somos tan arrogantes, que me maravillo de cómo Dios pudiera amarnos siempre. Verdaderamente quedo maravillado. Nunca he sido capaz de entender eso, pero he tenido que creerlo. Si no nos asimos de esta verdad, estaremos fuera de línea de todos los propósitos de Dios.

Aunque Dios tenía todo derecho y razón para condenar al mundo a la destrucción en un instante, Él no tiene la actitud que nosotros tendríamos, si tuviéramos Su poder. A pesar de la rebelión, Dios ama el mundo y dio a Su Hijo, Jesucristo, para que muriera por el mundo. El resultado máximo de la Cruz fue la derrota de Satanás.

## Los resultados de la Cruz

La Cruz fue el juicio de Dios sobre Satanás y sobre el mundo. Jesús dijo: *"Ahora es el juicio de este mundo; ahora el príncipe de este mundo será echado fuera"* (Juan 12:31). Satanás gobierna al mundo, pero la Cruz le puso límites a los linderos de su dominio.

Jesús siguió diciendo: *"Y yo, si soy levantado de la tierra, atraeré a todos a mí mismo"* (Versículo 32). Está claro que Jesús estaba hablando de la cruz.

Como usted ve, Satanás creyó que estaba crucificando a Jesús y por ende aseguraba su victoria. Ese fue el más grande error que jamás haya cometido. La victoria percibida por Satanás—el sufrimiento de Jesús en la cruz—probó ser la última derrota de Satanás, pues la muerte de Jesús en la cruz juzgó a Satanás y el orden social del mundo que él gobierna. Jesús sufrió en lugar de la humanidad culpable, Él resistió el castigo que le correspondía al mundo y salva a aquellos que nacen de nuevo.

*Habitamos seguros en el lado correcto de la Cruz.*

Romanos 6:6 nos informa: *"nuestro viejo hombre fue crucificado juntamente con él"*. Cuando miramos la cruz, estamos mirando la apreciación de Dios de nuestra naturaleza no regenerada. Ésta ni siquiera contiene una onza de bondad. Pablo escribió en Romanos 7:18 *"Y yo sé que en mí (esto es, en mi carne) no mora el bien"*. La diferencia entre Pablo y algunos de nosotros es que Pablo sabía que separados de Cristo, nada bueno hay en nosotros.

La misericordia de Dios es que el juicio de la cruz fue representado en Jesús. Su crucifixión efectuó el juicio de Dios y determinó fronteras al territorio de Satanás, dándoles a los cristianos el poder de estar fuera de ellas. Me gusta pensar en la cruz como la luz roja de Dios o la señal de pare. Cuando Satanás está manejando contra nosotros, él ve esa señal de alto, da un frenazo y chilla al parar precipitosamente, porque él no puede ir más allá de nuestra fe en la Cruz y la obra redentora de la sangre de Cristo Jesús.

Habitamos seguros cuando vivimos en el lado correcto de la cruz. En Juan 16:8–11, Jesús dijo:

> Y cuando él [el Espíritu Santo] venga, convencerá al mundo de pecado, de justicia y de juicio. De pecado, por cuanto no creen en mí; de justicia, por cuanto voy al Padre, y no me veréis más; y de juicio, por cuanto el príncipe de este mundo ha sido ya juzgado.

## Derrota abierta para Satanás

Satanás, el gobernante de este mundo, "está juzgado". Por medio de la cruz, Dios le administró a Satanás una derrota total, irreversible y eterna que Satanás nunca puede cambiar.

> Y a vosotros, estando muertos en pecados y en la incircuncisión de vuestra carne, os dio vida juntamente con él, perdonándoos todos los pecados. Anulando el acta de los decretos que había contra nosotros, que nos era contraria, quitándola de en medio y clavándola en la cruz, y despojando a los principados y a las potestades, los exhibió públicamente, triunfando sobre ellos en la cruz. (Colosenses 2:13–15)

La Cruz despojó a Satanás de sus armas, lo puso en una amplia derrota y lo expuso públicamente. Nosotros necesitamos saber esta verdad significativa; sin embargo, Satanás hará todo lo que pueda para mantener a la iglesia ignorante de lo que la cruz realmente logró.

En Gálatas 3:1 Pablo escribió: "¡Oh gálatas insensatos! ¿Quién os fascinó para no obedecer a la verdad, a vosotros ante cuyos ojos Jesucristo fue ya presentado claramente entre vosotros como crucificado?".

Él se estaba dirigiendo a los cristianos llenos del Espíritu que habían experimentado milagros pero que ahora estaban *"fascinó"*. Estaban ciegos a la verdad de la cruz.

Cegarnos es el principal objetivo de Satanás, porque una vez que perdemos la visión de la cruz, nos convertimos en títeres de Satanás o piezas de juego. La única manera para la victoria es por medio del conocimiento y afirmación de lo que la cruz cumplió.

## La respuesta de Dios: La Cruz

En este mundo malo, la respuesta de Dios es la cruz. La única respuesta a los males, presiones y reclamos de este mundo es aplicar en su vida la sangre de Jesús derramada en la cruz. Gálatas 5:24, dice: *"Pero los que son de Cristo han crucificado la carne con sus pasiones y deseos"*. Los cristianos—los que pertenecemos a Cristo, a pesar de nuestras denominaciones—hemos crucificado la carne con sus pasiones y deseos.

La provisión de Dios siempre es de dos lados, consiste de lo que Dios ha hecho, y, también lo que nosotros debemos hacer.

Romanos 6:6, dice: *"Nuestro viejo hombre fue crucificado juntamente con él* [con Jesús]*"*. Cuando Jesús murió en la cruz, nuestro hombre no regenerado fue juzgado. Jesús se hizo a sí mismo merecedor del juicio por el criminal que está dentro de usted y de mí. Cuando usted mira hacia la cruz, usted ve donde debió haber estado. Nuestra vieja naturaleza fue crucificada junto con Cristo; pero, la provisión de Dios en Jesús debe ser aplicada en cada vida individual. Aquellos que pertenecen a Cristo han crucificado la carne, habiendo tomado su posición con Él en la cruz. Ellos hacen eco en las palabras de Pablo en Gálatas 2:20:

> Con Cristo estoy juntamente crucificado, y ya no vivo yo, mas vive Cristo en mí; y lo que ahora vivo en la carne, lo vivo en la fe del Hijo de Dios, el cual me amó y se entregó a sí mismo por mí.

Esta confesión personaliza el cumplimiento de la cruz. La cruz obra en nuestras vidas y borra nuestro pecado cuando hacemos la confesión correcta y lo creemos en nuestros corazones. (Véase Salmos 103:11–12; Miqueas 7:19; Hebreos 8:12).

## El resto de la historia

La obra de la Cruz es multifacética. Primero, conlleva lo que Dios ha hecho por nosotros por medio de la muerte de Jesús en la cruz. Nos regocijamos en esa verdad, mas no es el final de la historia.

Segundo, la cruz conlleva lo que ésta debe efectuar dentro de nosotros. Nuestra vieja naturaleza debe morir. Dios ha provisto los medios de esta muerte, pues Jesús dijo que cualquiera que le siguiera debía hacer dos cosas: negarse a sí mismo y tomar Su Cruz (Véase Mateo 16:24; Marcos 8:34; Lucas 9:23).

¿En qué consiste nuestra cruz? Les proporcionaré dos definiciones. Primero, nuestra cruz es el lugar donde nuestra voluntad y la voluntad de Dios se interceptan. Si seguimos a Jesús, llegaremos a ese lugar. Segundo, nuestra cruz es el lugar donde nosotros "morimos". Dios no impone esta muerte sobre nosotros; al contrario, nosotros aceptamos esta muerte si así lo queremos. Podemos escoger no morir, pero no podemos seguir a Jesús a menos que lo hagamos.

*Nuestra cruz es el lugar donde nuestra voluntad y la voluntad de Dios se interceptan.*

Si usted está teniendo problemas por seguir a Jesús, quizás no ha tomado su cruz. Podemos considerar la cruz un instrumento de tortura y ejecución, o podemos considerarla como un modo de libertarnos de nuestra vieja naturaleza. ¡Gracias a Dios que proveyó la salida!

En Romanos 7:24, Pablo se lamentaba: *"¡Miserable de mí! ¿Quién me librará de este cuerpo de muerte?"* Su respuesta es inmediata y llena de gratitud: *"Gracias doy a Dios, por Jesucristo Señor nuestro"* (Versículo 25). Dios nos da una salida por medio de Jesucristo, pero no tomaremos esa salida sino hasta que percibamos nuestra necesidad para ello.

Muchas de las luchas que enfrentamos en nuestra vida cristiana vienen a medida que Dios trata de convencernos que necesitamos la Cruz. Mientras más pronto estemos convencidos de esta necesidad, más éxito tendremos como cristianos.

## Aun más

La Cruz logra aún más. Gálatas 6:14, dice:

*Pero lejos esté de mí gloriarme, sino en la cruz de nuestro Señor Jesucristo, por quien el mundo me es crucificado a mí, y yo al mundo.*

Pablo negó tener algo de qué jactarse—ni siquiera siendo descendiente de Abraham, siendo fariseo, guardador de la ley o plantador de iglesias. Él no tenía nada de qué gloriarse, excepto por una cosa: la cruz de nuestro Señor Jesucristo.

Esta declaración es increíble, especialmente porque en la cultura romana, la cruz era un objeto despreciable. No obstante, ¡esa fue la que Pablo escogió para gloriarse por toda la eternidad! Por medio de la cruz, el mundo había sido crucificado para Pablo y Pablo para el mundo.

El mundo no tiene nada que reclamar al otro lado de la Cruz. Su territorio termina en la Cruz, como también terminan sus presiones y tentaciones. Al otro lado de la Cruz hay paz—sin embargo, esa paz tiene un precio. El precio es nuestra propia muerte. Pero, al morir a nosotros mismos, continuamos viviendo. ¿Cómo? No es que seamos nosotros los que estemos viviendo, sino que Cristo es quien vive en nosotros (Véase Gálatas 2:20).